King & Prince STYLE

キンプリ♛スタイル

谷川勇樹

太陽出版

プロローグ

緊急事態宣言下の5月23日、King & Princeはひっそりとデビュー2周年を迎えた。

本来であればお祝いのイベントや関係者を集めてのパーティー、芸能界でよく言われる〝3年目のジンクス（※デビュー3年目も売れれば本物）〟など景気よく気勢を上げたいところだったが、何ぶんにも時節柄、メンバーやスタッフが一堂に会するような場を設けるわけにはいかない。

しかしおよそ2ヶ月後の7月22日、遂にジャニーズ事務所は、顔への飛沫感染防止防護具〝スマイルアップシールド〟を1人1枚ずつ無償配布するなど感染対策を講じた上で、まずはKing & Princeの全国コンサートツアーから再開すると発表したのだ。

「ツアーは9月2日に発売されるニューアルバム『L＆（※ランド）』を引っ提げての、9月5日から11月18日までの2ヶ月半、全国9都市を回る『King ＆ Prince CONCERT TOUR 2020 ～L＆～』です。しかしファンクラブ会員用チケットの抽選応募が開始された時点で、政府方針の収容率50％、上限5千人の開催条件は緩和されませんでした。会場を見ると、徹底した換気を行うと〝音漏れ〟問題が避けられない会場もありますし、後は参加されるファンの皆さんが一人一人、それこそコンサートの1ヶ月前から万全の感染対策をして日常を送るなどしなければ、もしクラスターが発生したら大変なことになる。ジャニーズ事務所にとって年内に全国ツアーを再開させるリスクは、まさに〝社運を賭けた大バクチ〟にも近いのです」（フジテレビ関係者）

そのツアーの日程は以下の通り。

いずれも地域で最も大きい1万人クラスのアリーナ会場となる。

『King & Prince CONCERT TOUR 2020 ～L&～』

9月5～6日
【宮城】セキスイハイムスーパーアリーナ
9月11～13日
【北海道】真駒内セキスイハイムアイスアリーナ
9月19～20日
【新潟】朱鷺メッセ 新潟コンベンションセンター
9月26～27日
【静岡】エコパアリーナ
10月3日
【大阪】大阪城ホール
10月7～11日
【神奈川】横浜アリーナ

10月17〜18日
【広島】広島グリーンアリーナ
10月31日〜11月1日
【福岡】マリンメッセ福岡
11月17〜18日
【愛知】日本ガイシスポーツプラザ ガイシホール

また当日会場での物販、つまりコンサートのオフィシャルグッズ販売は中止され、すべて事前にオンラインストアでのみ購入。

新宿で劇場クラスターが起こったことを教訓にしているのか、極力、人と人との接触を避けるのは最低限の準備だろう。

「そのアルバム『L&』には大ヒットシングル『koi-wazurai』、『未満警察 ミッドナイトランナー』主題歌『Mazy Night』をはじめ、『弱虫ペダル』主題歌『Key of Heart』、アルバム表題曲『&LOVE』（アンドラブ）、さらにはメンバーがそれぞれプロデュースした5曲の新曲など、今のKing & Princeのすべてが収録されています」（同フジテレビ関係者）

またタイトルの『L&（ランド）』は、King & Princeの居る場所（ランド）、みんなで楽しめる場所（ランド）を意味しており、新型コロナウィルスで陰鬱ムードに支配された世の中に、明るい希望を灯す、今の時代だからこそ届けたいメッセージを、歌に替えて我々のもとに運んでくれる。

『1stコンサートは登場の時に見た景色が忘れられないし、
2ndコンサートではギターを演奏出来たのが嬉しかった。
ファンの皆さんは新型コロナで不安な日々を過ごし、
同時に俺らに会えない寂しい気持ちも感じていると思うけど、
俺は逆にこういう時間も大切で、
次に会った時には今までよりもっともっと楽しい時間を過ごせると思うんだ』〈神宮寺勇太〉

その〝次〟は、間もなくやって来ようとしている――。

本書は、そんなKing＆Princeと直接交流のある周辺側近スタッフから集めた貴重な証言をもとに、メンバーの発言やエピソードなどをお届けする、いわば〝King＆Princeレポート〟となっている。

側近スタッフの証言に基づき、出来るだけリアルな〝King＆Princeの素顔〟をご紹介したつもりだ。

コロナ禍でデビュー3年目を迎えた彼らが今何を想い、何を感じ、何をしようとしているのか――。

King＆Princeの〝今、そして未来〟を、皆さんに感じていただければ幸いだ。

目次

King & Prince
STYLE
キンプリ スタイル

1st Chapter

平野紫耀

King&Prince Sho Style

平野紫耀が胸の刻む〝座右の銘〟

「芸能プロダクションではどこよりも早くジャニーズが〝全公演、コンサート、イベントの延期〟に踏み切りました。その後、多くが中止の決断をせざるを得ませんでしたが、エンターテイメント界をリードするジャニーズ事務所の一連の行動が、すべての興行に影響を与えたのは事実でしょう」

テレビ朝日『ミュージックステーション』を担当し、音楽業界にも顔が広いベテラン放送作家氏は、

「最初はSixTONESとSnow Manのデビューイベント（ハイタッチ会）を早々に延期したことが始まりだった」

――と振り返る。

「両者共に大事な大事なデビュー曲のイベントで、それも抽選の選民イベントだけに1人で何百枚もCDを購入するファンもいる。当然、ジャニーズもSony Records（SixTONES）もavex（Snow Man）も、そんなことは百も承知している。加えてイベントを延期、あるいは中止した時の面倒臭さも、坂道シリーズを抱えるSony Records、SKE48を抱えるavexが知らないわけがない。それでもいち早く延期や中止の判断を下したのはジャニーズ事務所。すぐにSony Recordsとavexも坂道シリーズとSKE48のイベントを延期しました」

（同ベテラン放送作家氏）

特に握手会などの販促イベントにおいては、現在の音楽業界では坂道シリーズの影響力が最も大きい。

ジャニーズが興行を、坂道がイベントを中止すれば、他は追随するしかないのだ。

「すぐさまジャニーズは災害支援プロジェクトのSmile UP! Projectを動かし、医療従事者に対する支援を決定。それからの活動は皆さんもよくご存じでしょうが、ここでもまた他の事務所に先んじて〝あること〟を仕掛けました。それが無料配信ライブ（※現在は有料コンテンツもあり）と、それまではJr.に限っていたYouTube公式チャンネルへのデビュー組の参加です。SixTONESとSnow Manに関しては、Jr.時代から参加していたのでそのまま継続しています」（同氏）

そして表には流れてこない情報だが、同時に全メンバーに「在宅リモート配信」を厳命。

これはYouTube配信に参加しようがしまいが、不要不急の外出は事務所を挙げての〝禁止案件〟になったということだ。

しかし同時に〝リモート配信〟がジャニーズ内部で一般化したお陰で、「〝少人数だからこそ〟の深い話や打ち明け話を聞くことが出来た」と話すのは、日本テレビ『ZIP!』で〝King & Prince MEDAL RUSH〟のコーナーを担当するディレクター氏だ。

「タイトルからもおわかりの通り、当初は東京オリンピックに向けたスポーツチャレンジ企画でした。でもオリンピックが延期になり、まだ収録済みのVTRは残っているものの、〝今後メンバーはどうしたいのか?〟……リモート会議で意見を聞いていたんです」(同ディレクター氏)

それぞれの気持ちを聞き、これからは「こんな企画にもチャレンジしたい」などと話しているうちに、ふと何の脈絡もなく、平野がこう語り出したという——。

『俺、高1でジャニーズに入る前の夢は、
自衛隊員か保育士さん、それかダンスの先生だったんですよ』

「メンバーは知っていたかもしれませんが僕は初耳だったので、〝3つの共通点は!? 全然違う方向にあるんだけど！〟とツッコんだんです。そんな僕のリアクションをスルーして、平野くんは『当時のダンスの先生がジャニーさんのお知り合いで……』と、何もなかったように話を続けるから驚きました（笑）」（同ディレクター氏）

さすが、天然の本領を全力で発揮している平野だが、話の内容自体はリアルそのものだったらしい。

「当時は名古屋に住んでいて〝ひとり名古屋Jr.〟みたいな存在だった平野くんは、東西どちらかのJr.を選ばなければならなくなった時、同じく〝ひとり名古屋Jr.〟だった先輩の千賀健永くんのように、東京Jr.を選ぶ気持ちが8割方固まっていたそうです。『単純に東京Jr.のほうが華やかに見えて、子供の頃から見ていた先輩方の近くにいられるから』――という理由で。でもジャニーさんに『関西のJr.は実力で前に出る』――と言われ、平野くんは結局、関西Jr.を選んだ」（同氏）

当時を振り返って平野はこう語ったという――。

『まずは大阪で〝自分がどれだけ出来るか〟を試したかったんです。
もともと、人前に出る前にきちんとダンスのスキルを向上させたかったし、
関西Jr.は実力で前に出られるなら、
「実は東京Jr.よりもチャンスが多いかな」――って』

選択の行方は人それぞれで違うが、平野に限っては関西Jr.を選んだことが〝正解〟に違いない。

「それまでソロで踊っていた平野くんは、全員が指の先まで振りを揃えるジャニーズのダンスに苦心したそうです。最初はもちろん、だだっ広い稽古場に1人で居残り練習を。大阪での舞台出演中は2ケ月間のホテル住まいで毎日がヘトヘトで、深夜に疲れて帰ってきてはコンビニ飯で一日を締め括る。関西Jr.から東京Jr.に移籍するまでは、平野くんは文字通り必死で〝下積み〟に耐えていたんです」

（同ディレクター氏）

そんな平野は東京に出て来た時、まずジャニーさんに言われたセリフを今も胸に刻み、座右の銘にしている――。

『ジャニーさんには、

「ユーは自分でやれることは自分でやりなさい。自分で考えなさい」――と言われたので、

ダンスの振付や衣装のバランスが悪いと感じた時には、

ハッキリとスタッフさんに提案して、話を聞いてもらっています。

最初は〝そんな偉そうなこと出来ないよ〟……と思ってジャニーさんにも言いましたが、

「ユーを見てくれているファンに、自分が思う〝ベスト〟を見せないのは、お客様に失礼だ」

――と言われて納得しました』

平野紫耀が今も胸に刻んでいる、ジャニーさんから贈られた言葉――。

『ユーは自分でやれることは自分でやりなさい。自分で考えなさい。

ユーを見てくれているファンに、自分が思う〝ベスト〟を見せないのは、お客様に失礼だ』

平野紫耀はこの想いを忘れずに、今日も、そして明日からも、〝自分が思うベスト〟の姿をファンに見せようと、常に努力を続けている――。

〝流星〟でわかったジャニーさんの気持ち

King & Princeの平野紫耀と人気俳優・横浜流星の〝相思相愛ぶり〟が、様々なバラエティ番組を通してお茶の間の話題になっていると聞く。

「最も話題になったのが6月22日放送の『しゃべくり007』(日本テレビ)で、ゲストの平野くんが緊急事態宣言下の外出自粛期間中について、『**横浜流星と電話ばかりしてました**』――と明かしたことでした。まるで熱愛カップルそのものだと、スタジオのしゃべくりメンバーも驚いていましたからね」

スタジオ見学が許されていた某テレビ情報誌のデスク氏は、

「無観客がもったいなかった。もしお客さんが入っていたら、そのリアクションだけでお腹一杯になれたのに」

――と、当時を振り返って残念がる。

「『しゃべくり』の平野くんは流星くんとの電話について、『自分からかけるわけではなく、流星からかかってくる。「もしもし、どう?」……みたいに。〝何がどう?〟なのかわかんないけど』――と言ってひと笑いを取ると、続いて『そこから30分、無言になる』――と、完全に〝紫耀ワールド〟に入ってしまいました(笑)」(同デスク氏)

強者揃いのしゃべくりメンバーでさえ、一瞬にして心を掴まれる紫耀ワールド。

平野が電話に出ると2人はお互いにスピーカーに切り替え、自宅で好きに過ごしながら、時々言葉を交わす長電話を楽しんでいるそうだ。

「アラフィフのしゃべくりメンバーは〝電話代大変じゃん!〟とLINEの無料通話がすぐに思い浮かばなかった様子ですが、まるで恋人同士がお互いの存在を確かめ合うかのような長電話には、呆れたようなリアクションでしたね(笑)」(同氏)

また『しゃべくり』では平野が自粛期間中に――

『ブーメランの練習をしていました』

――というプライベートを明かしていたが、自宅の家具と家具の間をすり抜けるように飛ばせるほど上達したのに、それほど仲が良い横浜には――

『同い年なんでナメられたくないので、まだ教えていない』

――と言うのだから、さすが平野、予想外のネタを飛ばしてくれる。

トークがもう少し上手く飛ばせるようになれば、〝最強〟と言っても過言ではないだろう。

「テレビ各局のスタジオ収録が再開して以降、平野くんは流星くんとのエピソードも自粛から解禁したかのように話しまくってますね。『しゃべくり』の1週間前にはKing & Princeがレギュラーの『ZIP!』でも平野くんは『**僕のことを彼女か彼氏だと思っていて、ラブコールにしては時間帯が遅いんです。夜中3時4時に毎回かかってくるんです。朝ちゃんと起きて（体内時計を）戻そうとしてるのに、あいつが起こすから全然直らなかったんです**』――と、鉄板ネタにしている様子がアリアリでした（笑）」（同デスク氏）

さらに『しゃべくり』翌週の『行列のできる法律相談所』（日本テレビ）でも、平野は横浜流星との長電話ネタでスタジオを沸かせる。

横浜から「いい物件ある」との電話が真夜中にかかってきて朝まで解放されなかった平野は――

『**それは僕じゃなくて不動産屋に電話して欲しい**』

――と、訴えたとか。

「それだけ特定の人物との長電話エピソードがあるなんて、トーク番組で笑いを取れないタレントからすれば羨ましい限りでしょう。しかしそこは、さすがに『行列』。他の番組で平野くんからのネタばかりが垂れ流されていたことに気づき、すかさず流星くんからの反論コメントも取ってきましたからね」(同氏)

VTR取材を受けた横浜流星は、平野紫耀との長電話について——

『疲れて〝癒されたいな〟と思うと、紫耀についつい電話をかけてしまいます。本当にしょうもない会話だけど、自分の疲れた心を癒してくれる。癒しです』

——と、自分からの長電話について認めた後で、

『でも盛ってますね、彼は。

電話いっぱいかけてるけど、紫耀から連絡来ることもあるし、
むしろ向こうからいろいろな話題を振ってくるから長電話しちゃってるところもあります。

どっちもどっちだと思うんですけどね。

話を大きくするな。盛るな』

——と、反論もしていた。

……というか、反論ではなく、ほとんどイチャついたノロケではないか（爆）。

「平野くんと流星くんは2年前の映画『honey』での共演をきっかけに仲良くなったようです。

まだKing & Princeとしてデビューする前に撮影した平野くんの主演作で、彼はそれからもずっと『流星が役者として注目されて欲しい』——と願い、それが連ドラの『初めて恋をした日に読む話』（TBS）、『あなたの番です』（日本テレビ）で叶った。『やっぱりお前の番だったんだよ!』——と平野くんは大喜びしたそうですが、流星くんは自分が主演ではなかったので、『紫耀が喜んでくれたのは嬉しかったけど、若干微妙に（主演ではないので）悔しかった』——とも周囲に話していたそうです」（同デスク氏）

ちなみに平野は、横山流星と親密になってから――

『やっとジャニーさんの気持ちがわかった』

――と、こんな理由を挙げていた。

『関西ジャニーズには、ジャニーズWESTの藤井流星くん、なにわ男子の大西流星くんがいて、珍しい名前のはずなのに俺の周囲に3人もいるから、みんな「流星」って呼べる。ジャニーさんが「ユー」って言うのと同じ。名前間違えないし、呼びやすい』

そんな理由で〝流星〟と〝ユー〟が同じとは……。

紫耀ワールドにかかっては、今頃ジャニーさんも空の上できっと、あまりの〝ど天然〟ぶりに苦笑いを通り越して、思わず感心しているに違いない――。

東山紀之に戒められた〝アイドルとしての禁〟

昨年の年末、平野紫耀は東山紀之から連絡をもらい――

『2人だけで会いたい』

――と言われたそうだ。

「最初は2年連続で紅白歌合戦に出場するお祝いかと思ったそうです。指定されたのが麻布十番の高級ステーキ店だったので、余計にそう思ったのでしょう」

話してくれたのは、昨年のＮＨＫ紅白歌合戦を担当した人気放送作家氏だ。

「ご存じの方も多いと思いますが、紅白歌合戦には紅白それぞれの組の司会者との面接があり、僕らはリハーサル中、事前アンケートを回収しながら気になる点をチェックするんです。キンプリのメンバーともアンケートの話をしていた時に、いきなり平野くんが『**そういえばこの前、東山さんに怒られた**』――と、アンケートにはまったくない話をし始めたんですよ。こっちからは何も聞いてないのに（笑）」（同人気放送作家氏）

麻布十番の高級ステーキ店に呼び出され、ウキウキしながら向かう平野。

すると店に着くと、待ち合わせよりも早く東山紀之が待っていたという。

そしてそこには、これまでに平野が見たことがないぐらい〝仏頂面〟の東山がいた。

「一瞬にして『**（これはお祝いなんかじゃないな）**』……と気づいた平野くんは、自分やキンプリのメンバーが『**（最近、誰か粗相とかしたっけ？）**』……と、必死になって記憶を辿ったそうです」（同氏）

まったく覚えがない恐怖感は、東山の――

『**まあ座れや**』

――の一言でピークに達する。

『(何もわかんないのに謝っちゃダメだ)』

――平野は必死に恐怖を克服しようとしていたらしい。

「東山さんは『何食う？ 遠慮すんな』と、いつもの優しさを見せたかと思いきや、続けて『話は食ってからだ』と脅すので、平野くんは『注文せずに逃げ出したい気持ちしかなかった』――そうです(笑)」(同氏)

高級ステーキの味もほとんど感じない平野は、内心――

『(何でもいいけど早く知って早く楽になりたい)』

――と、東山をチラ見。

するとようやく東山が――

『〝武士は食わねど高楊枝〟ってわかるか？』

――と、諭すように口を開いたのだ。

平野が意味がわからずにキョトンとしていると、続けて東山は――

『紫耀、アイドルとして、
中でも王道のアイドルとして〝やっちゃいけないこと〟があるんだよ。
お前はそれを破ってしまった』

そしてようやく――

『〝日本刀〟は誰も本気にしないだろうけど、
〝パジャマ〟ぐらいは自分で買えよ。な？』

――と、ついに本題を突きつけられたのだった。

実は平野、とある雑誌の撮影後、こんなことを話していたのだ――。

『ずっとシルクのパジャマが欲しくて、
でもなかなかいいのが見つからなくて。
そうしたらこの間の撮影で着たヤツがめちゃくちゃ良かったんです。
そんな話をしたら衣裳さんがそれをプレゼントしてくれたんです。
これは運命の出会いに間違いない。
だから今はパジャマもシーツもシルクだから寝心地最高です！』

それが回り回って東山の耳に入り——

『どうしてそんな夢のないことをするんだ!?』

——と、お説教を喰らってしまったのだ。

「東山さんが言うには『シルクのパジャマとシーツは全然構わない。でもそれを仕事の現場でもらって喜ぶとは何だ? まるで自分が欲しいと言えば何でももらえるような、そんな印象しか与えないじゃないか!』——とのことで、それは平野くん自身も『ちゃんと考えればその通りでした。衣裳さんにメーカーとか聞いて、自分で買いに行くべきでした』——と反省していました」（同人気放送作家氏）

要するに東山が言いたかったのは——

『今後そういうことがあっても、調子に乗って口にするな』

——ということだ。

「さらに東山さんは『お前、〝歴史が好きだから日本刀が欲しい〟とか言ってるらしいな? 〝美しくてずっと見ていられるから〟って。しかも〝500年以上前のやつがいい〟とか。ダメだぞ、所持の資格がないと銃刀法違反だからな!』——と言って、平野くんを戒めたそうです」（同氏）

ここでようやく、平野紫耀は東山紀之に言われた言葉を理解する——。

『わかったんですよ！

〝日本刀〟といえば〝武士〟じゃないですか？

それで東山さんは——

「〝武士は食わねど高楊枝〟ってわかるか？」

——って言ったんですね!!』

……いや、違うな。うん（苦笑）。

〝相手を生かす〟バラエティ能力

「視聴者の皆さんも最初は〝ただの番宣かよ〟と思ってご覧になっていたかもしれませんが、徐々に2人の性格の違いが表れて面白かったんじゃないですかね」

日本テレビ朝の看板番組『スッキリ』担当ディレクター氏は、7月2日の生放送中にオンエアされた『未満警察 ミッドナイトランナー』の番宣企画を、「自分の中では久々のヒットだった」と振り返ってくれた。

「ドラマにW主演のSexy Zone中島健人くんとKing & Prince平野紫耀くんの2人が出演したのは、番宣では定番の〝クイズッス〟のコーナーでした。取材VTRに登場してくれた2人は、まずはお互いに〝撮影現場でやめて欲しいこと〟を語ってもらい、これがいきなり盛り上がりました」

（同ディレクター氏）

中島健人は――

『（平野紫耀が）撮影が終わるとすぐに帰ってしまうので寂しい』

――そうで、いかにも一緒に食事にでも出かけて「今日のあのシーンは……」などと語り合いたい様子。

それに対して平野は――

『せっかちなところがあって』

――と、素直に先輩からのクレームを受け入れていた。

「番宣を収録したのは6月下旬でしたが、その後、ドラマのスタッフに〝中島くんと平野くんは食事に行ったみたい？〟と尋ねると、平野くんは相変わらず〝脱兎のごとく帰る〟そうで、約束は全然果たされていないようです（笑）」（同ディレクター氏）

もちろんこれは、ドラマ収録の後の行動に限られているわけで、それ以外の機会に2人で食事に行ったこともあるだろう。いや、あるはずだ。

「平野くんからは中島くんに『ドローンに向かってキレるのは怖いのでやめて欲しい』――と。中島くんの〝王子様キャラ〟が崩壊しかねない、危うい素顔が暴露されてしまいました（笑）」（同氏）

ドローンの操縦にハマっている中島は、自分の送迎車にマイドローンを常に積み込み、撮影現場でも飛ばしているという。

それだけならまだしも、上手く飛ばせないとドローンに向かって「クソが！」などとガチ切れするので、その剣幕に平野は〝一体何事!?〟とビビってしまうらしい。

「まあ一応、生放送のスタジオでは〝天の声〟を務める南海キャンディーズの山ちゃんが『中島くんは平野くんとの思い出をドローンで撮影したくて撮影現場で練習している』とフォローしていましたが……。取材現場では『健人くん、移動中も車止めて公園で飛ばしてるって（マネージャーさんに）聞きましたよ』――と、さらに暴露していたのですが、ほとんどの公園ではドローンを飛ばすのはキャッチボール同様に禁止なので、その部分はオンエア出来ませんでした（苦笑）」（同氏）

このあたり、空気を読む読まないの前に〝スーパーど天然〟の平野紫耀に語らせてはいけないのかも。

「続いて〝クイズッス〟コーナーのクイズに移り、中島くんから『Sexy Zoneとしてデビュー当時、ジャニーさんから他のアイドルは誰もがやっている〝ある行動〟を禁止されていました。それは一体何でしょう？』——という問題が出されました。MCの加藤（浩次）さんが『笑顔』と正解すると、ちょっとしたどよめきがスタジオに起こり、手応えを感じました」（同氏）

このディレクター氏のようにVTRで出題するクイズを制作する側は、対象タレントを取材していかにも〝難しい〟問題を作るのではなく、解答者が正解して（あるいは不正解でも）スタジオのリアクションが大きく取れれば取れるほど、その問題を選択したことが〝正解〟になるのだ。

「中島くんはデビューする時、ジャニーさんに『ユーは笑っちゃいけない。SexyにSmileはいらない』——とキツく言われ、『デビュー曲の『Sexy Zone』のミュージックビデオには笑顔がまったく映ってない』——と明かしてくれたんです。また歌番組で少しでもパフォーマンス中に笑顔を見せると怒鳴られて、『俺もう、〝何でアイドルやってるんだろう〟って、あのとき思って……』と、当時を振り返っていました」（同氏）

先輩の告白に平野はすかさず――

『僕らは、逆になかったんですよ。
そういう縛りというか、
ジャニーさんから〝君たちはこうしなさい〟みたいな（ものは）』

――とリアクションし、中島から、

『いいよな～。
俺なんか笑顔禁止されて、バラ持たされたからね』

――と、不満そうな表情を引き出した。

「そこなんですよ！　もし平野くんが上手くリアクションすることが出来なかったら、中島くんはそのコメント『**笑顔禁止されて、バラ持たされた**』を、自分発信で言わなきゃいけなかった。彼にしてみればそのコメントが〝一番ウケる〟ことを経験則で知っていて、でも愚痴はアシストがないと往々にしてスベりがち。まさに平野くんが〝中島くんを生かした〟シーンでした」（同ディレクター氏）

自然に最適リアクションを導き出して口に出来るのは、ただの天然には出来ない、間違いなく〝才能〟だ。

「続いて山ちゃんがSexy Zoneが笑顔を解禁したのはセカンドシングル『Ladyダイヤモンド』の時、ミュージックビデオの撮影に顔を出したジャニーさんが『**ユーたち、何でそんなつまんなそうにやってるんだよ。もっと楽しそうにやんなきゃダメだよ**』――と言い放ったからと解説し、エピソードに見事にオチがついた。でもそれも、〝何気ない平野くんのリアクションがあってこそ〟なのは、番組を作る者なら誰でも感じたはずです」（同氏）

平野が発揮した抜群の〝バラエティ対応力〟。

もしKing & Princeの冠バラエティがスタートしたら――。

平野紫耀のポジションは、決まったも同然か。

〝小栗会〟から受けるアツい刺激

Ｓｅｘｙ Ｚｏｎｅの中島健人とＫｉｎｇ ＆ Ｐｒｉｎｃｅの平野紫耀がＷ主演を務めている連続ドラマ『未満警察 ミッドナイトランナー』。

ジャニーズの若手2トップが満を持してタッグを組み、視聴率の取りやすい警察ドラマに挑んだにも関わらず、数字的には苦戦が続いているのは、やはり本来は4月クールにオンエアされるはずのドラマが「ほとんど7月クール同然まで先送りされたことと無関係ではない」と語るのは、他局のドラマプロデューサー氏だ。

「この手の正義感に溢れた熱いドラマの場合、現場も同様にアツく決起するというか、むしろ現場のアツさがそのまま作品をリードしなければ、出来上がった作品からは中途半端な熱しか感じないものなのです。中島くんと平野くんは必死に主人公たちを演じていますが、新型コロナの影響で撮影形態も以前とはまったく違う中、〝現場がアツくなりきれていないのではないか?〟……と、日本版のオリジナルモードに移行してから感じてしまう」

日本版のオリジナルモードとは、映画『ミッドナイトランナー』で描かれていたストーリーを前半で消化したため、中盤以降は連ドラ用のオリジナル脚本になること。

果たしてどこまで原作の熱さを表現し、かつ2人の良さを引き出してくれるのかが見ものだ。

「〝熱さ〟といえば平野くんは、あの〝小栗会〟のメンバーなので、プライベートはめちゃめちゃアツいですよ」

小栗旬率いる〝小栗会〟のエピソードを語り出したのは、自称メンバー（？）の有名放送作家氏だ。

「平野くんが『花のち晴れ～花男 Next Season～』で〝F4〟を崇拝する神楽木晴を演じたことがきっかけで、先輩の松本潤くん、さらには小栗旬くんとの交流が始まり、小栗会へも顔を出すようになりました。もっとも平野くん本人は『**朝までお酒を飲むより、朝からバーベキューに出かけるほうが好き**』――というアウトドア派で、『**旬さん、秩父のほうとか行きません？**』――と飲みながら誘っていましたね。……というか彼、酒を飲めないのか飲まないのか、朝までずっとウーロン茶で通してます」（有名放送作家氏）

平野紫耀がバーベキュー好きなのは皆さんもご存じだろうが、小栗旬を堂々と誘うところは驚きだ。

「彼は本当に純粋で天然、そして人懐っこいから誰にでも可愛がられています。今はコロナ禍でみんなマスクを着けていますが、昨年までの平野くんは小栗会に参加する時も変装らしい変装をせず、理由を尋ねてみると『**普段もマスクをしてるのは逆に気持ち悪い。仕事に行く時だけしか着けません**』——と言うんです。でも仕事だって普段の日常ですし、目の前にいる先輩方からは、一斉に『**プライベートだから帽子とサングラス、マスクで変装するんだろ!**』——とツッコまれてました（笑）」（同氏）

また女性関係についても、大いに誤解されているとか。

「最近では『かぐや様は告らせたい～天才たちの恋愛頭脳戦～』で共演した橋本環奈ちゃんの名前がちょいちょい挙がりますが、さっきもお話ししたように彼はお酒を飲まないので、小栗会でも酔って暴れる大トラの環奈ちゃんを〝兄〟として気遣うことはあっても、裏では『**酔っ払い女子は嫌い**』——と話してますからね。それに環奈ちゃんや『花晴れ』で共演した杉咲花ちゃんなど、噂になる相手はみんな小栗会のメンバーと親密。男・平野紫耀いわく『**小栗会とKing & Princeはグループ内恋愛禁止**』——だそうですよ」（同氏）

なるほど、ならばファンの皆さんが心配するようなことは起こらないだろう。

……というか、〝King & Princeはグループ内恋愛禁止〟ってどういうこと（爆）!?

King＆Princeに懸ける想い

7月8日にオンエアされた『TOKIOカケル』で、思いも寄らず〝King＆Prince〟の名前が飛び出した。

「この日、ゲストにはTOKIOの大先輩でもある元シブがき隊のヤックンこと薬丸裕英くんがゲストで、『King＆Prince』の名前を出したんです。シブがき隊といえば〝たのきんトリオ〟の田原俊彦（1980年）、近藤真彦（1980年 ※但し当時は12月デビューは翌年扱い）、『金八先生』第2シリーズのひかる一平（1981年）に次いで、1982年5月に『NAI・NAI 16』でデビュー。田原俊彦から続く日本レコード大賞最優秀新人賞を〝ジャニーズ3連覇〟で飾るほどの人気グループでした」（フジテレビ関係者）

さらにジャニーズ事務所のデビュー攻勢は1983年のTHE GOOD‐BYE（野村義男）、1985年の少年隊、1987年の光GENJI、1988年の男闘呼組と続き、合間にも乃生佳之、中村繁之らがソロデビュー。80年代のジャニーズ事務所の第2次隆盛期を彩る。

「シブがき隊が解散したのは1988年ですから、全員が1987年に入所したSMAP、TOKIOでは城島茂くんと国分太一くんまでが、ギリギリで接点がある後輩でしょうね。松岡昌宏くんと長瀬智也くんには〝テレビで見ていた人〟にすぎません」(同フジテレビ関係者)

そんな薬丸裕英大先輩が『TOKIOカケル』で明かしたのは、King & Princeのデビューにまつわる意外なエピソードだった。

「とにかく〝キンプリは凄い〟を連呼する薬丸くんでしたが、それは2018年1月の帝劇公演『JOHNNYS' Happy New Year IsLAND』を見て、そこで輝きを放ちまくるKing & Princeを生で感じたからです。ジャニーズを退所した先輩がJr.の公演を見にくるのは異例で、しかもジャニーさんから直々に『見に来なよ』――と誘われたそうですから」(同氏)

その誘い文句がなんと――

『デビューするかもしれないグループが出るから、ユーに見て欲しい』

――だったという。

なぜわざわざ、事務所を退所して30年のOBを誘うのか?

それはステージを見れば一目瞭然だった。

「この『JOHNNYS' Happy New Year IsLAND』には東山紀之さんがゲスト出演と一部演出を担当していました。東山さんと薬丸さんといえば、ウチがオンエアしていた〝芸能人大運動会〟で、いつもライバル意識むき出しで戦う親友同士。その東山さんとジャニーさんが〝デビューするかもしれない〟と語ったMr.KINGとPrinceらジャニーズJr.が、シブがき隊の名曲『Zokkon命（Love）』を披露。屋良朝幸くんの難易度が高い振付を楽々とこなすMr.KING、Princeに目を奪われた薬丸さんは、終演後にわざわざ楽屋を訪ね、『**キミらは本物。俺たちとは違う**』――と、いたく感動していたとのことです」（同氏）

King＆PrinceのCDデビューは2018年1月17日に発表されたので、これはその前日までのエピソード。

もし17日以降だとデビューが発表された後だから、おそらくは薬丸もステージから受ける印象が違っただろう。

平野は『TOKIOカケル』での発言を聞き――

『単純に嬉しかったし、めちゃめちゃ励みにもなった』

――と周囲に語っている。

『ジャニーズの歴史に名前を残すほど実績がある大先輩が、俺たちのステージを心から「凄い」と言ってくださったのは、何か勲章をもらったのと同じぐらいに誇らしい。本当、目の前にいたら、ご飯に連れて行ってもらいたいぐらい』

こんなところで平野節が炸裂しなくても良さそうなところだが(笑)、それも平野紫耀の魅力の一つ。
場の空気は読むものじゃない、自分で支配するものだ――と。

『ジャニーズには薬丸さん以外にもたくさんの偉大な先輩がいて、
俺たちは先輩方が築きあげた〝ジャニーズ城〟をいかに繁栄させるか。
俺の地元でいえば織田信長が尾張から美濃、近江へと領土を広げていったようにね』

歴史好きだけに、最後は地元尾張（名古屋）の英雄に繋げた平野紫耀。

信長のように、Ｋｉｎｇ ＆ Ｐｒｉｎｃｅも群雄割拠する〝アイドル界〟を制覇し、いずれ必ず頂点に君臨する存在へと駆け上がっていくことだろう――。

King & Prince

STYLE

キンプリスタイル

2nd Chapter

永瀬廉

King&Prince Ren Style

全身全霊で挑んだ『弱虫ペダル』

すでにテレビアニメ化、劇場アニメ化をはじめ、BSドラマ化、WEBアニメ、WEBラジオ、ゲーム、パチンコなどなど多角的に展開されている人気スポーツ青春漫画『弱虫ペダル』が、永瀬廉主演でいよいよ待望の実写映画として完成。この8月14日に公開された。

「新型コロナに負けじと、1ヶ月前の7月14日にはキックオフイベントが秋葉原で開催されました。なぜ秋葉原かというと、永瀬くん演じる主人公が〝地元の千葉から秋葉原にママチャリで通うアニメ好きの高校生〟の設定だからです。永瀬くん自身、キックオフイベントにはママチャリで登壇して『どうですか? すごいシュールじゃなかったですか? 大丈夫ですか?』――と照れくさそうにしてましたが、『またがった瞬間、(演じた) 坂道に戻るじゃないですけど、そんな感覚になりました』――などと語っていました」(スポーツ紙記者)

さらに永瀬はしっかりと――

『今日はこのような状況（※コロナ禍）の中でお集まりいただき、ありがとうございます。坂道自身もここ秋葉原という場所は思い出深い地でもありまして、ただ僕自身はそんなに深い思い出がないので残念なんですけど、今日は皆さんと一緒に楽しい思い出を作れればと思ってます』

――と、挨拶。

「主演映画は昨年5月公開の『うちの執事が言うことには』に続く2本目ですが、ずいぶんと貫禄がつきました」（同スポーツ紙記者）

イベントに駆けつけた記者たちに〝主演俳優〟として、実に堂々とした印象を与えた。

原作はご存じ、2020年5月現在で単行本67巻、累計発行部数2,000万部を突破している大人気スポーツ青春漫画だ。

本作の舞台は、千葉県佐倉市にある総北高校自転車競技部。高校入学直後、やがてライバルでありチームメイトにもなる同級生の今泉俊輔（伊藤健太郎）との自転車対決をきっかけに自転車競技部に入部した主人公の小野田坂道が、そこで出会った仲間たちのために自分の限界や壁を越え、レースで勝利を掴むために努力する姿を描く物語。

その他のキャストには自転車競技部のマネージャー、ヒロイン役の寒咲幹に橋本環奈。さらには自転車競技部のチームメイト役に坂東龍汰、竜星涼、柳俊太郎、菅原健、井上瑞稀（HiHi Jets）。そして幹の父親・寒咲幸司を、個性派俳優の皆川猿時（みながわさるとき）が演じている。

「〝キックオフイベント〟には総北高校自転車競技部のメンバーが勢揃いし、本来なら黄色い歓声や声援が飛びまくるところ、拍手程度の静けさが最初は異様でした。でも司会のフジテレビ榎並大二郎アナウンサーが、100名ほど集まった記者を前に演者と三木康一郎監督から様々なエピソードを引き出してくれたので、良いイベントになったと思います」（同スポーツ紙記者）

その榎並アナウンサーから、初めて自転車競技の撮影に挑戦したことについて聞かれた永瀬は――

『〝やるしかない〟という気持ちがあったので、撮影している状況も暑かったり寒かったり、風が強いなどいろんな状況が相まって、その中で撮影していたので、限界のその先に行っていました。それくらい過酷でした』

――と語り、共演の伊藤健太郎も、

『基本的に全部〝気持ち〟だったので、体力がどうのこうの言っている場合ではなかった。気持ちで〝どれだけ行けるか〟という状況だったので、その映像を見せてもらった時、苦しい顔、しんどい顔などにお芝居の域を超えた部分がある。それがこの映画の一番の魅力じゃないかなと思う』

――など、共感するコメントで続いたそうだ。

その他にもマネージャー役の橋本環奈が――

『実際に本当に近くで見ていて〝こんなにも過酷なんだな〟というのを感じました。自転車競技は怪我をするかもしれないので、安全にやるためにみんな撮影の前からすごく練習していて、〝実際に本人たちが自転車をこいで急な坂道を登れるんだ〟と思いながら見ていました』

――と振り返り、さらに三木監督は、

『最初、どう作るか考えた時に〝自転車の撮影は大変だろう〟と思って、CGでやろうと思ったんです。でもどこかのタイミングで、〝全部やらせたほうが面白い〟と思って。狙い通り、すごく苦しい表情をしていたので、見ていて面白かったです』

――などと、演者も知らない裏話を明かした。

ちなみにこのキックオフイベントが行われたのは秋葉原UDXビルのイベントスペースで、ちょうどAKB48劇場とは道を一本隔てただけの場所。

それゆえ2月半ばまではこのUDXビルの前は〝ヲタクで賑やか〟だったらしく、今回のイベントは「久々に華やかな雰囲気が戻ってきた」と、会場関係者も喜んでいたらしい。

そしてイベントの最後に永瀬廉は――

『僕たちも全力で自転車に挑んで、ロードレースの熱や疾走感を大事にしつつ、全身全霊で挑んだ作品です。

青春の尊さだったりとか大切にしたい人との繫がりだったり、〝頑張ろう〟という気持ちをもう一度蘇らせて、思い出させてくれる作品になっているんじゃないかと思っています。

『弱虫ペダル』、ぜひよろしくお願いします!』

この作品に懸ける強く熱い気持ちを語り、イベントは幕を閉じたのだった――。

胸に刻む〝忘れられない言葉〟

永瀬廉が『うちの執事が言うことには』に続き、2本目の主演を務めた映画『弱虫ペダル』。この映画の撮影で、永瀬は忘れられない経験をしたという。

「実は永瀬くん、『撮影中に皆川猿時さんにかけてもらった言葉が〝忘れられない〟〝この先もずっと胸に刻んでおきたい〟というほど感動した』――と言うんです」

映画『弱虫ペダル』現場スタッフ氏は、撮影終盤に永瀬廉から明かされたエピソードを話してくれた。

「美女と野獣ならぬ〝イケメンと野獣〟で、永瀬くんは皆川さんと撮影中もよく話し込んでいました」

(同現場スタッフ氏)

一度見たら忘れないルックスの個性派俳優、皆川猿時。所属しているのも超個性派劇団〝大人計画〟で、主宰の松尾スズキ以下、宮藤官九郎、阿部サダヲ、村杉蝉之介、荒川良々、近藤公園、正名僕蔵、池津祥子、猫背椿、平岩紙などなど曲者揃いすぎるメンバーだ。

「過去には温水洋一や矢本悠馬も所属していて、あの星野源も俳優業のマネージメントは大人計画が担当しています。とにかくこの劇団のメンバーはレギュラーからチョイ役まで、あらゆるドラマに出演しているのが特徴で、皆さんもきっと〝名前を聞いてもピンと来ないけど顔を見ればわかる〟役者さんばかりだと思いますよ」(同氏)

中でも阿部サダヲや荒川良々、そして皆川猿時はジャニーズ事務所の先輩たちとの共演が多く、さらに退所した先輩たちを加えればキリがないほどの共演歴を持つ。

ちなみに皆川は滝沢秀明ジャニーズ事務所副社長とも、ＴＢＳ開局50周年記念スペシャルドラマ『里見八犬伝』で共演している。

「おそらくは永瀬くんも先輩との共演が多い皆川さんならば、安心して話せると思ったんでしょう。実際、伊藤健太郎くんとは同世代のイケメン枠を争うライバルですし、ジャニーズJr.の井上瑞稀くんにしても年令は下でもJr.歴は彼のほうが長いので。永瀬くんも『昔は〝井上くん〟呼びだった』――と話していましたからね。しかも自分は主演なので、なおさら周囲に対する接し方には苦慮したはずです」(同氏)

そんな永瀬の様子に思うところがあったのか、皆川は諭すようにこう話したという――。

『〝主役〟というのは、ほとんどの作品で一人しかいない。
俺たちは、その主役を輝かせるために芝居をしているんだ。
主役だからといってふんぞり返っている役者を、
俺たちが〝輝かせたい〟って思うかな？
「演者、スタッフ、すべての人に支えられて自分はここにいる。いられる」
——そう思える主役になれば、
どう振る舞うかなんて自然とわかるはずだよ』

主役はすべての人に支えられてこそ輝く。

「この人を支えたい」と思える主役になれ。

皆川のセリフが胸に突き刺さった永瀬は、それまで以上に〝感謝〟の気持ちを忘れないように心掛けたという。

『そやねん。当たり前やし、自分でも出来てると思ってたけど、
いっつもこの辺（胸）に〝感謝〟の気持ちを持っておく――
それを自覚しないといけないんです。
口だけの感謝なんて意味がない。
心から思ってないと相手に伝わらない』

――そう語った永瀬。
さらに皆川は――

『助演は助演で、必ず〝ここが見せ場〟というシーンが来る。
そこに全精力を注ぐだけ。
その時はもう、主役のことなんて一切頭の中にないよ。
「俺が目立つのはこの一瞬だ！」――って思ってるから』

――そう言って笑った。

『それも絶対に忘れない。
俺もずっと主演をやらせてもらえるか、
そんなのわからないからね。
助演は助演の楽しみがありそうやし、
そこは主役を食ったります（笑）』

永瀬廉が『弱虫ペダル』で得た貴重な経験は、これからの彼にとって大切な糧となり、またひとつ大きく成長していくきっかけになるだろう――。

〝全角度国宝級イケメン〟への本音

女性ファッション誌『ViVi』(講談社)の人気企画『2020年上半期国宝級イケメンランキング』で、見事に首位を獲得したのが永瀬廉。

皆さんはもちろん、7月21日発売の掲載誌(9月号)をご覧になっているだろうが、発売直後から改めてそのイケメンぶりがクローズアップされた。

「今回の〝国宝級イケメンランキング2020上半期〟には、およそ11万票の読者アンケートで最強かつ最旬のイケメンが決定しました。1位の永瀬廉くんが獲得したポイントは41,377ポイント。2位のSixTONES松村北斗くんが37,951ポイントですから、安全圏の差をつけてフィニッシュしましたね」(同誌関係者)

ちなみにジャニーズのメンバーでは5位にSexy Zoneの佐藤勝利（22，183ポイント）、6位にHey! Say! JUMPの山田涼介（19，180ポイント）、8位に山下智久（16，279ポイント）、そして10位に岸優太（11，544ポイント）。King&Princeからは2人がベスト10に入賞した。

『でもあれやからね。
俺と岸くんのポイントは、ほぼ4倍違うからね。
そんだけ違うって、ホンマは10位やのうて100位とちゃうん(笑)？
……というか紫耀やジン、海人は何しとんねん』

――思わず関西弁でそう呟いた永瀬廉。
ランキング上位に入らなかったのは、実際に『ViVi』を購入し、読者アンケートに答えた読者層には刺さらなかっただけの話だろう。

「永瀬くんは『ViVi』では〝全角度国宝級イケメン〟と呼ばれていて、とにかく前から見ても上から見ても横から見ても下から見ても斜めから見ても……どこから見ても欠点がないパーフェクトなイケメン。これまでに〝国宝級イケメン〟と呼ばれてきたのは山﨑賢人くんや中川大志くんでしたが、彼らのようなイケメンでも角度によっては〝まあまあイケメン〟程度に落ちてしまう。永瀬くんはその落差がまったくないので、敬意を込めて〝全角度国宝級イケメン〟と呼ばせて頂いている次第です」（同関係者）

ランキングが発表された9月号では、〝妖艶〟をテーマに永瀬を8ページで特集。

かなり難易度の高いラグジュアリーブランドの服でもサラリと着こなし、決してモデル級の長身ではない永瀬はそのスタイルの良さでカバー。

その圧倒的な存在感で、撮影スタッフ全員を虜にしてしまったそうだ。

「スタッフには男性もいますからね。それでもみんな、彼の独特な雰囲気と空気感に飲まれてしまった。小道具の薔薇の花が〝貴族〟感を醸し出し、これまでのジャニーズにはいなかった、まさに〝王子を超えた美の王様〟としか形容の仕方がありませんよ」（同氏）

しかし、しかし――だ。

実は本人、〝全角度国宝級イケメン〟と呼ばれることが「嬉しいは嬉しい」とは言うものの――

『どこか邪魔になるような気がしてなりません』

――と、不安げな表情を見せる。

『だって結局、顔やスタイルだけの話ですから。

俺のKing & Princeのパフォーマンスや、

俺個人としての芝居とか、

そういう面は〝全角度国宝級イケメン〟には入ってないでしょ?』

――結果に疑問を呈する永瀬。

〝そんなことないよ!〟と言いたいところだが、確かにそれは否めないだろう。

『『うちの執事が言うことには』に主演した時に（共演の）清原翔さんと話していて、
「自分は〝モデル上がりで身長が高いだけ〟って見られてきて、
まずはそれを払拭するところから始めなきゃいけないから、
人の何倍も気持ちを強く持たなきゃいけなかった」
――っていう話を聞いた時、
自分が〝アイドルであること〟を逆に強烈に意識するようになったんです。
もし俺がＫｉｎｇ＆Ｐｒｉｎｃｅのメンバーじゃなかったら、
〝こんなに簡単に仕事があるのかな？〟……って』

――正直な想いを口にする。

それ以来、永瀬は個人としての自分を必要としてくれる作品、アイドルだけど〝役者で生きてもいきたい〟自分が戦える場所を探し続けているという。

『だから本当、キンプリの永瀬が、
〝全角度国宝級イケメンのキンプリの永瀬〟になって、
俺はまったく得をしない。
むしろ肩書きみたいなものが増えれば増えるほど、
戦いの場から遠ざかってる気がするんです』

意外と言っては失礼だが、これほど〝骨太な男〟の一面があったとは――。
永瀬廉、〝役者〟としても、これからがますます楽しみな存在だ。

永瀬廉が見つけた〝断捨離〟の本質

皆さんが普段使う〝断捨離〟という言葉について、永瀬廉は——

『ちょっと気になったから調べてみたら、めちゃめちゃ意味のある造語で驚いた』

——と、興奮気味に語ったらしい。

「もの凄い発見をしたことを周囲に話したくて仕方がないというか、彼には珍しく子供のようにキラキラと、大ハシャギしていましたから（笑）」

日本テレビ『ZIP!』制作プロデューサー氏は、緊急事態宣言下の外出自粛期間中、King & Princeのメンバーと会議アプリを使ってリモート打ち合わせをした際の、永瀬廉のエピソードについて明かしてくれた。

この外出自粛期間中、永瀬廉は――

『具体的に〝断捨離〟とまでは考えてなかったけど、外出自粛のお陰で家の中のことに目が向いて、「時間をかけて整理してみよう」――と動いてみたんです』

――と、〝断捨離〟についてのきっかけを語り出した。

「リモートで（メンバー）みんなに〝何に一番時間をかけたか〟と聞いてみたら、永瀬くんから〝断捨離〟の話が返ってきたんですよね」（同制作プロデューサー氏）

永瀬はふと――

『着なくなった服を海人にあげるんじゃなく、捨てれば〝断捨離〟になるのかな。そういうモノなの？』

――と、素朴な疑問を思いつき、そもそもの意味を調べ始めたという。

すると「断捨離」とは造語ではあったものの、永瀬が想像もしていなかった〝ヨガの思想〟に行き着いたのだ。

制作プロデューサー氏とのリモート打ち合わせで永瀬はこう語った――。

『いらなくなったものを〝もったいない〟という発想だけで処分するのではなく、
そこにヨガの思想を取り入れるだけで見方が変わる。
見方が変われば生活も変わる。
生活が変われば人生も変わる。
そんな〝究極の3段活用〟が断捨離によって叶うんですよ』

永瀬によると「断捨離」には1語ごとに意味があって、まず断捨離の〝断〟は「入ってくるいらない物を断つこと」で、同様に〝捨〟は「ずっと家にあるいらない物を捨てること」、〝離〟は「物への執着から離れること」となり、その三語が揃って「断捨離」の意味を持つというのだ。

「『みんなは簡単に〝断捨離〟という言葉を使うけど、そこには3つの意味が込められていて、最終的には〝物がない、物に対する執着がないことで精神的に解放され、快適な人生を送るために必要なこと〟が断捨離なのだ』――と、キラキラした瞳で語ってくれました」（同制作プロデューサー氏）

「断捨離」は、それぞれがヨガの行法でもある〝断行〟〝捨行〟〝離行〟から応用されているとのこと。

「ところが、です。永瀬くんはそこまで断捨離についてアツく語り、『意味を知ることで意義を知った』――とか何とか上手いことを言いつつ、肝心の断捨離の実行については『まあまあ、おいおいで』――と、大して進んでいないことを匂わせ始めたんです（苦笑）」（同氏）

断捨離の意味を知り、単純に「スゲえ！」と興奮、この外出自粛期間にコツコツと、しかし着実に進んでいるかのような口振りだった永瀬廉だが……

『〝離〟がね。

というか〝捨〟が……。

いや、〝断〟もなかなかのもんよ』

――などと言い出し、明らかに怪しい様子。

「最初は海人くんに『断捨離？　うそ、俺に何も下がってきてないじゃん！』――とツッコまれ、永瀬くんが『お前は俺からお下がりをもらわなくても自分の道を進め』と意味のわからないリアクションをした時点で、神宮寺くんは『（断捨離など）やってないな？』――と確信したそうです。そして神宮寺くんが『この前、〝久々に買い物に行きたいね〟とか言ってたじゃん』と暴露すると、永瀬くんは『〝離〟がね。というか〝捨〟が……。いや、〝断〟もなかなかのもんよ』……と言い出し、そこで撃沈しました（笑）」（同氏）

結局、永瀬廉の断捨離は、ほとんど進んでいないようだ（笑）。

とはいえ今回は「断捨離」の〝意義〟を知っただけでも成果があったではないか。

いずれ何かの場面できっと、「断捨離」の精神が役に立つ時が来るだろうから。

永瀬廉が極める〝匂わせ自演芸〟

「永瀬くんはファンのみんなが〝騒ぐだろうな〟〝勝手に邪推するだろうな〟とわかっていて、たまに面白がって匂わせを自演しているんです。それについて聞くと、『**愛されてる証拠じゃないですか?　たまにそれを感じたくなるんですよ**』――と笑うだけ。まあ、ほんのちょっと暴走してるだけなので、許してやってください。そしてこれからも、彼の匂わせには反応してやってください。寂しがるから（笑）」

日本テレビ朝の情報番組『ZIP!』で、King & Prince〝MEDALRUSH〟を担当する現場ディレクター氏は、

「ただ、この前の永瀬くんみたいに、オンエア直後から番組に問い合わせが殺到するのは勘弁して欲しい」

――と、苦笑いを浮かべる。

「7月の2週目(7月6日~10日のオンエア)は永瀬くんと岸くんの担当で、2人は柔道にチャレンジすることになりました。図式としては柔道経験がある岸くんが、まるで初心者の永瀬くんをレッスンする。まずは柔道の基本中の基本である〝受け身〟を教えることになったんですけど、岸くんはやり方を忘れてしまったようで、永瀬くんに上手く教えられなかったんです。続いて〝投げ技〟の練習でも、**『経験者って絶対にウソやろ!』**――と永瀬くんにツッコまれるぐらい、何も出来なかったんです」(同現場ディレクター氏)

今にも泣き出しそうな岸優太の顔が目に浮かぶが、結局はオリンピック銀メダリストの杉本美香選手からリモートで教えてもらうことに。

ここで終われば大団円だが、肝心の〝匂わせ〟とは一体?

それは永瀬の右足薬指にはめられていた〝トゥリング〟、つまりは足の指用の指輪。

あえて手の指ではなく足の指にリングをはめている永瀬を見て、

「手は事務所に怒られるから足?」

「あえてそこで匂わせるなんて……」

「女の子とオソロだったらどうしよう……」

……と、永瀬ファンは朝っぱらから衝撃を与えられ、憂鬱な一日を過ごさねばならなくなったのだ。

「ウチの若いADに聞くと、〝右足の薬指は左手の薬指と同じように既婚者がする結婚指輪と同じような意味がある〟――と。そりゃあファンが騒然となるのは当たり前ですよ」（同氏）

ところが、だ。

冒頭の現場ディレクター氏とのやり取りにあるように、永瀬廉は――

『ファンがザワザワすればするほど、俺の自信に繋がる』

――という。

その永瀬自身が――

『意味はない』

――と言うのであれば〝匂わせ自演〟以外の意味はないだろう。

『〝匂わせ自演〟はちょっとヒドない？
まあ、その通りだけど(笑)。
でも俺と俺のファンの間で、それが〝プレイ〟になってるんだから、
ファンのみんなを傷つけない範囲で〝匂わせ芸〟を極めていきたいとは思ってます。
いいじゃないですか。
女性は適度に嫉妬したほうが綺麗になりますから』

――そう言って、いたずらっぽくほほ笑む永瀬廉。
これからも永瀬の〝匂わせ自演〟は続きそうだ。
ファンの女性たちを嫉妬させて、より綺麗にするために。

〝平野紫耀〟にあって〝永瀬廉〟にないもの

皆さんも一度は自分をエゴサ、エゴサーチしたことがあるのではないだろうか。

言うまでもなく〝エゴサーチ〟とは、自分の本名やハンドルネーム、サイトを運営している人はサイト名、ブログ名を各種検索エンジンにかけ、インターネット上でどのような評判、評価を受けているのかを確認する行為のことだ。

「タレントさんはみんな〝**エゴサは怖いから出来ない**〟などと言いますが、むしろ本当にエゴサをしたことがないタレントさんなんて、大げさではなく20人もいないんじゃないですかねぇ。パソコンを使えなくてもスマホがあるし、スマホが使えなくてもマネージャーにやらせればいい。そもそもタレントになりたくて芸能界入りしている人間が〝世間からどう見られているか〟気にならないわけがない」

なかなか断定的に話を切り出したのは、テレビ朝日『ミュージックステーション』ディレクター氏だった。

「去年の秋頃にＫｉｎｇ＆Ｐｒｉｎｃｅが出演してくれた際、きっかけは忘れましたが永瀬廉くんや神宮寺勇太くんとエゴサの話になったんです。永瀬くんは独特の感性と考え方の持ち主で、話していてもいつも〝なるほど〟と感心させてくれる人。そんな彼がエゴサをするのは、『**すべて自分の励みになるから。アイデンティティを再確認するため**』――だと話していましたね」（同ディレクター氏）

エゴサを日本語にすると、おそらくは「自己検索」みたいな言葉が最も近い意味になるだろう。

エゴサ、エゴサーチは英語の〝ｅｇｏｓｅａｒｃｈｉｎｇ（エゴサーチング）〟〝ｅｇｏｓｕｒｆｉｎｇ（エゴサーフィン）〟に由来する言葉。

永瀬廉にとって〝アイデンティティを再確認するため〟のエゴサとは、どんな意味が込められているのか。

「〝自分がどう評価されているのか〟を正面から受け止め、好意的な意見には感謝を、批判的な意見には分析と反省を。そうすることによって『**強くなりたい**』――と話していました。『**しんどくなったら（エゴサを）やめればいいだけ**』――と笑っていましたが、僕の知る限り、エゴサをそこまで前向きに捉えているのは永瀬くんだけです」（同氏）

そんな〝エゴサ大好きアイドル〟の永瀬廉だが――

『今めちゃめちゃ悔しいのは、〝紫耀にあって俺にないもの〟を思い知らされた時』

――と言うほど、〝とある現実〟を突きつけられた時は気持ちが乱れたらしい。

「実はそれ、エゴサでの評判と同じようにタレントさんが気にすることで、永瀬くん以外にも何人かに聞いたことがあります」（同ディレクター氏）

ここで皆さんには、スマホに〝ながせれん〟と入力して頂きたい。

正確に一発で〝永瀬廉〟と漢字が表示されるかどうか。

そう、永瀬に限らず芸能人にとって、自分のフルネームがデフォルトで現れるかどうか、それが〝人気と知名度のバロメーター〟だと考えているからだ。

「つまり永瀬くんが使用している機種では、〝平野紫耀〟は変換されても〝永瀬廉〟は変換されないということです。そして〝岸優太〟も〝神宮寺勇太〟も〝髙橋海人〟も。メンバーで唯一〝平野紫耀〟だけが変換されるのです」（同氏）

確かにそう言われれば、タレントからすれば〝重大事項〟に感じなくもないだろう。


『エゴサっていい意見が多い時もあれば悪い意見が多い時もあって、
俺に言わせれば〝生き物〟のようなものなんです。

だから最初から「いちいち気にしても仕方がない。気になるならやめよう」――と考えられる。

でも文字入力の予測変換は、明らかに現実を突きつけられますからね。

6人メンバーがおって、一人だけ正確な漢字に変換されるんですよ?

しかも〝しょう〟なのに〝紫耀〟で。

「じゃあ〝耀〟は〝ょう〟になるんかい!」――って、
行き場のない悔しさ、わかりますか(苦笑)?』


――そう言って不満を口にする永瀬廉。


確かに、メンバーの中で一人だけ変換されるのは悔しいに違いない。

しかし次にスマホの新機種が発売された時、そこには全機種揃って〝永瀬廉〟と予測変換されるようになると信じ、今の悔しさを知名度を上げるためのモチベーションにしようではないか――。

King & Prince
STYLE
キンプリスタイル

3rd Chapter

髙橋海人

King&Prince **Kaito Style**

髙橋海人、女子アナ人気急上昇中！

ジャニーズ事務所のアイドルは伝統的に〝女子アナ〟にモテる。

共にテレビを主戦場としているのだから、お互いに惹かれ合うこともあるだろう。ファンに隠れてコッソリと交際に及ぶ例があってもおかしくはない。

そもそもモテるのは、女子アナに限ったことではないが。

「しかし写真誌に撮られた例を含め、実際に結婚にまで至ったのは嵐の二宮和也くんだけ。女子アナと進展するのは難しい証拠でしょう。もともと、結婚するジャニーズアイドルは少ないものの、ほとんどが女優かタレント相手ですからね」（某芸能記者）

木村佳乃（東山紀之）、工藤静香（木村拓哉）、白石美帆（長野博）、瀬戸朝香（井ノ原快彦）、宮沢りえ（森田剛）、宮﨑あおい（岡田准一）……こうして並べてみると、まるで大作映画の豪華キャストがズラリと並んでいる雰囲気だ。

「噂になった女子アナたちも、これがなかなかのラインナップ。ジャニーズJr.時代から縁が深く、『ミュージックステーション』をオンエアしているテレビ朝日からは下平さやか、武内絵美、小川彩佳（当時）。多くのレギュラー番組を持つフジテレビは中野美奈子（当時）、竹内友佳、三上真奈。日本テレビの水卜麻美、TBSでは田中みな実（当時）に宇垣美里（当時）などですからね」（同芸能記者）

ただしアナウンサーはあくまでも〝テレビ局員〟ないし〝番組契約スタッフ〟なので、仮にツーショットを撮られても即熱愛に繋がるかといえばそうでもないだろう。単なる打ち合わせだったり、写真誌お得意の団体からの〝キリトリ〟だったりするのだから。

「現在、女子アナたちに一番モテるのはKing＆Princeと聞いています。女子アナは基本的に四年制大学を卒業しているので、入局3年目よりも上になると岸くん以下のメンバー全員が年下。中には〝キンプリを知って年下男子の魅力を教えてもらった〟という女子アナもいるぐらいで、ジャニーズの中でも群を抜く人気です」（同氏）

そんなKing＆Princeでも最近特に〝人気急上昇〟しているのが、最年少の髙橋海人だという。

話してくれているのは、日本テレビ『ZIP!』制作スタッフ氏だ。

「ウチではキンプリのデビュー前からコーナーをやってもらっていますが、6月最終週のコーナーには海人くんが神宮寺くんにレスリングのブリッジを教えながら、『ブリッジが出来たら女子にモテる』『俺のときはもう徳島アナがすごいメロメロな目で（VTRを見ていた）』――と発言するシーンがあったんです。ファンの皆さんからも〝前から徳島アナは海人担だと思っていた〟〝海ちゃん本人もわかってたんだ〟〝徳島アナが海人にメロメロなのは間違いない〟などの反応があり、ちょっとヒヤッとしたものの、アンチコメントはほとんどありませんでした」（同制作スタッフ氏）

徳島アナの場合、King & Princeファンにとっては2年以上も（レギュラーで）お世話になっている番組の出演者なのだから、感謝こそすれ嫉妬はしないのだろう。

もちろん髙橋海人が〝ネタ〟で言ってることもわかっている上で。

「参考までに徳島アナ以外の女性スタッフや女子アナに聞くと、海人くんの最大の魅力は〝あの瞳〟だそうです。すべてを包み込む優しさの中に、良い意味で掴みどころのない哀しみがある。しかも彼には少女漫画家としての顔もあるので、女子の気持ちがわからないはずがない――と。年上をキュンキュンさせる要素が満点な21才を、みんな〝末恐ろしい〟と口を揃えてましたよ」（同氏）

物理的にファンよりも近い距離でメンバーと仕事をしている〝お姉さま方〟の意見だけに、ここは素直に納得しておくとしよう。

しかし当の本人はどう感じているのだろう――。

『女子アナの皆さんだから好き嫌いっていうのはマジにないよ。
でも男女問わず年上の方は俺より様々な人生経験をしているんだから、接する時は常に尊敬の念がなきゃいけないと思う。
そういう当たり前のことを忘れず、これからもコツコツと仕事に臨むだけですよ』

なるほど。

髙橋海人と仕事をした人間が男女問わず彼の味方になるのは、彼のこの礼儀正しく真面目な性格によるものだったのか――。

キンプリメンバー内〝恋愛禁止〟ルール

昨年11月1日に公開された、Ｓｅｘｙ Ｚｏｎｅ佐藤勝利の初主演映画『ブラック校則』。実際に大阪府内の高校で発生した「生まれつきの髪色を黒く染めるよう強要、訴訟にまで発展した〝髪染め強要〟問題」を題材に、主人公とその親友が強要された女生徒を救うため、理不尽な校則に戦いを挑む物語だ。

単独での映画初主演となる佐藤勝利が主人公の小野田創楽を演じ、その創楽の親友であり、力を合わせてブラック校則に立ち向かう月岡中弥を髙橋海人が演じた。

ブラック校則の犠牲になる町田希央にモトーラ世理奈。さらに創楽達が通う高校の生徒会副会長兼不良グループのボスで、先生が生徒に暴力を振るう動画をスマホに保存して〝脅し〟の材料に使うなかなかのワル、松本ミチロウ役にＳｉｘＴＯＮＥＳの田中樹。その他の女生徒役には箭内夢菜、堀田真由などの名前が並び、モトーラ含めて注目の人気モデルがズラリ。

「作品の中には様々なブラック校則が登場します。たとえば〝男女は1メートル以上離れる〟〝寒くてもマフラー、タイツは使用禁止〟〝授業中のトイレは男子1分、女子3分以内〟〝ペットボトルの持ち込み禁止〟〝下着は白のみ着用可〟……などいろいろ登場します」

佐藤勝利とは某バラエティ番組を通じて交流が始まった人気放送作家氏は、

「実は勝利くんは、髙橋くんの勢いをかなり怖がっていたんです」

――と、公開当初のエピソードを話してくれた。

「話は『ブラック校則』の完成披露試写会の舞台挨拶にさかのぼるのですが、勝利くんは初の単独主演に気合いが入りまくり、前日は連絡先がわかるギョーカイ人全員に電話をかけ、『どうしてもウケたいから〝鉄板のブラック校則〟ってない？』――と尋ね回っていたんです」（人気放送作家氏）

その甲斐あってか、緊張はしながらも自信を持って舞台挨拶に臨んだ佐藤勝利。

ところが思いも寄らぬ髙橋海人の〝一発〟に、すべてを持っていかれてしまう。

「進行役が映画のテーマにちなみ、メンバー内のルールについて髙橋くんに話を振ったんです。すると彼は『ブラックかどうかはわかりませんが、ある決まったルールが1つあって。〝メンバー内恋愛禁止〟という（ルールが）……』と言い出し、壇上と客席を沸かせたのです」（同氏）

お断りするまでもなく、King＆Princeは男子6人組のアイドルグループ。
それで〝メンバー内恋愛が禁止〟と言われても……。
しかも高橋は舞台上と会場のどよめきをよそに、こんなセリフを続けたのだ──。

『これからずっと先、何十年、何百年、一緒にいるわけでしょ？
来世でも一緒にいるかもしれない。
この先歩んでいくと、何が起きるかわからないじゃないですか、メンバー内で。
だからそこは、「とりあえず恋愛禁止」──と、うちのリーダーが……』

──何と〝黒幕〟は岸優太だった。
佐藤勝利はその場の主役を高橋に奪われたことに反応し──

『ずっと恋愛禁止なんだ？　高校とキンプリで』

──と、同窓生の豆知識を披露したが、すでに遅し。

必死に話を岸に切り換え、バラエティ番組でど天然キャラを炸裂させる岸が〝恋愛禁止〟を発案したことに対して――

『リーダーの岸くんって、ルールを作れるほど頭がいいの？』

――とイジったのだが、しかしそれは逆効果だった。

リーダーの話を振られた髙橋は――

『ルールを作れるほど頭がいいんですよ、実は。
意外と頼れるリーダーで』

――と、舞台裏での岸優太を絶賛。

佐藤勝利は結果的に、髙橋海人に何本ものアシストパスを送り続けただけだったのだ。

「そりゃあ少しは落ち込んでましたよ。主役の自分よりも髙橋くんが目立ってしまって。でも逆にトークのアシストが出来たことに『**こっちが向いてるかも……**』と思い直したようで、自分は自分で新発見があったようです」（同人気放送作家氏）

先輩のプライドをキリギリで傷つけず、新たな発見の手伝いをした髙橋海人。

それにしても「メンバー内恋愛禁止」とは……。

それが〝ブラック〟かどうかはさておき、ぜひ一度、ルール発案者の岸優太に詳しく理由を聞いてみたい気がする。

そこには意外な事実が!!

……なんてことは、あるワケないだろうけど（笑）。

現場の楽しさを知った『部活、好きじゃなきゃダメですか？』

高橋海人がデビュー以来最も印象に残っている仕事は、ドラマ初出演かつ初主演の『部活、好きじゃなきゃダメですか？』であると、本人もいくつものインタビューで語っている。

『別に〝初主演だったから〟とか、そこまで単純な理由じゃないんですよね。
もし準主役だったとしても、あの現場だったら同じように、
「一番印象に残っている仕事」――と言えたと思うので。
それぐらい、俺はあの現場のスタッフさん全員が大好きなんです』

2018年10月クール、日本テレビ深夜帯の〝シンドラ〟枠でオンエアされた『部活、好きじゃなきゃダメですか?』(全10話)。

ドラマ初出演で神宮寺勇太、岩橋玄樹とのトリプル主演をこなした髙橋海人だったが、サッカー部の先輩役だった森本慎太郎(SixTONES)に言わせると――

『えっ? 海人の単独主演じゃなかったの!?』

――と驚くぐらい、主役特有のオーラを纏っていたそうだ。

森本は――

『そりゃあ神宮寺と岩橋もいたけど、
「海人の単独主演でよくない?」――ってほど、海人の出番が多かった気がした。
つまりそれだけ、あいつの芝居にインパクトがあったってこと』

――と、語っていたという。

「ちなみに慎太郎くんがドラマデビューした『受験の神様』は丸13年前の作品で、自身の主演作も含めて深夜枠からゴールデンタイムまであらゆる枠のドラマ現場を知ってるわけで、その慎太郎くんが単独主演だと思い込んでしまうほど、海人くんは〝ドラマの申し子〟と言ってもいいんじゃないですか」

そう言って森本慎太郎とのやり取りを明かしてくれたのは、日本テレビ『THE鉄腕!DASH!!』ロケディレクター氏だ。

「去年の秋にDASH島のロケを行っていた際、休憩時間に慎太郎くんと草間リチャード敬太くん（Aぇ! group）と3人で雑談をしながらスタンバイしていた時のことです。ふいに慎太郎くんが『**久しぶりにおバカな深夜ドラマやりたいな〜**』と呟いたんですよ。その少し前に『監察医 朝顔』が終わったところだったので、時任三郎さん、風間俊介くんに囲まれた刑事役はプレッシャーもキツそうですからねえ（苦笑）」（同ロケディレクター氏）

いきなり飛び出した森本慎太郎の「深夜ドラマやりたい発言」だが、実はドラマエリートの森本は、これまでに出演したドラマのほとんどがゴールデンプライムの作品で、深夜帯は伝説の『私立バカレア高校』と『部活、好きじゃなきゃダメですか?』の2本しかない。

さて肝心の髙橋海人だが、今でもふとした瞬間に――

『楽しかったな～』

――と、撮影当時の思い出に耽っているようだ。

『演技の仕事をしたのは初めてで、本当に右も左もわからなかったけど、カメラの前でするお芝居があんなに楽しくて面白いことを知れて、正直、ずっとドキドキのしっぱなしでした。
手応えみたいなことで言うと、監督さんから「好きなようにやっていいよ」――と言われて、アドリブを頑張ってみたら、
カメラの後ろ側にいるスタッフさんたちが笑ってくれているのが見えて、それは本当に心の中でガッツポーズでしたね。
どうなんだろう？　ああいうのも〝結果を出す〟のと同じなのかな？
だったらめちゃめちゃ嬉しい』

高橋海人がここまで饒舌に喋るのは、間違いなく『部活、好きじゃなきゃダメですか?』の現場が楽しかった証拠だろう。

きっと心だけは、あの日、あの場所に飛んでいるに違いない。

『『ブラック校則』は映画の現場とドラマの現場の違いを勉強出来たし、あとストーリーの流れに沿わずにシーンごとに撮影するやり方は、まだまだ芝居を始めたばかりの自分には少し難しかった。早くたくさんの経験を積みたい気持ちも強いけど、次の現場が『部活、好きじゃなきゃダメですか?』みたいに楽しくないと、〝ドラマ、好きじゃなきゃダメですか?〟……になりそうで(笑)』

高橋海人が現場の楽しさを知った『部活、好きじゃなきゃダメですか?』。

これからの髙橋海人の〝役者人生〟にとって、大きな糧となる作品だったに違いない。

〝少女漫画家〟としての顔

「半年ほど前、池袋にある某アニメ専門店で資料を探していたら、バッタリと海人くんに出くわしたんです。いくら平日の午前中とはいえ、こんな所に……と思って尋ねたら、『**どうしても市場調査が必要**』――だと。それで思い出したんですけど、彼は少女漫画家でもあったんですよね」

ＮＨＫ ＢＳＰ『ザ少年倶楽部』を担当する売れっ子放送作家氏は、今年1月のある日、髙橋海人の怪しい変装と行動に「むしろ誰よりも目立ってた。なぜか目元は隠してなかったので、見る人間が見たら一発でわかる」と、苦言を呈したいと名乗りを上げた。

「肉襦袢でも入れているのかメタボ腹を作り、首から上をマフラーでぐるぐる巻きにしてるから、怪しいアニメヲタクにしか見えないんですよ。それにウロウロしていたのが〝ＢＬ系コーナー〟で、男はあまり寄りつかないというか、サッと目的のコミックスを手にしてレジに向かう人が多いエリア。海人くんはそこで5分も10分も吟味して、しかもメモまで取ってましたからね」（同売れっ子放送作家氏）

ここで気になるのが髙橋海人が言ったセリフ〝市場調査〟だ。

「僕もしつこく聞き続けました。すると観念したのか、その時に流行っていたＢＬのタイトルや表紙のイラスト感をチェックし、**『バレないようにエッセンスを自分の作品に反映されるため』**――だなんて、あまりにもストレートに返してきたんですよ（苦笑）」（同氏）

髙橋海人が少女漫画誌『ベツコミ』連載作家陣に加わってから、１年の月日が流れようとしている。

１年といえば、かつて彼が同誌で担当した『アイドル、ときどき少女まんが家。』も、１年に渡って漫画の描き方を習得する人気連載企画だった。

その〝ご褒美〟として昨年４月に発売された『ベツコミ』５月号において、髙橋海人は遂に『僕のスーパーラブストーリー‼～王子と男子は紙一重⁉～』を発表。漫画家デビューを果たしたことは記憶に新しい。

そして髙橋は漫画家として一発屋では終わらず、ジックリと準備を重ねた上でファン待望の新連載『ジャニーズと僕』をスタートさせた。

テレビには映らないＫｉｎｇ＆Ｐｒｉｎｃｅやジャニーズ人気メンバーの日常を、舞台裏目線で描いていく作品だ。

作品について髙橋は――

『基本的にノンフィクションにこだわっているので、King & Princeの〝今〟が読めます』

――とコメントしたが、その理由として、

『メンバーが髪型を変えると、作品の中でも髪型を変える。そんなちょっとした日常の変化にも注目というか、細かさにも注目して欲しい』

――という。

なるほど、確かにジャニーズ初の少女漫画家にしか出来ない芸当だ。

「海人くんが『ベツコミ』に関わりを持ち始めてから、キンプリのメンバー含め巻頭グラビアにも頻繁に登場。編集部いわく〝超絶かっこいい〟セルフポートレートを披露したりと、本当にアイドルと少女漫画家を両立させていることに拍手を送りたいですね」（同売れっ子放送作家氏）

さらに2006年から2010年にかけて同誌に掲載されていた『メンズ校』が、関西ジャニーズJr.なにわ男子の主演でドラマ化。

こちらは〝僻地にある全寮制名門高校を舞台に、男子ばかりの「不毛なアオハル」を描く、性春MAXボーイズライフ〟。

新型コロナウイルスの影響で放送開始が遅れているが、こうして『ベツコミ』発の作品をジャニーズアイドルがドラマ化することが出来るのも、紛れもなく〝髙橋海人の頑張り〟の結果であることを忘れてはなるまい。

King＆Princeとしての活躍はもちろん、〝漫画家・髙橋海人〟の活躍からも目が離せない。

坂上忍から出された〝課題〟

高橋海人が2018年10月からレギュラーを務める、フジテレビの教養バラエティ『坂上どうぶつ王国』。

「現在（2020年8月現在）坂上さんは月曜日から金曜日の帯番組『バイキング』を筆頭に、スタートが古い順から『有吉ゼミ』『ダウンタウンなう』『直撃！ シンソウ坂上』『坂上&指原のつぶれない店』、そしてこの『坂上どうぶつ王国』などのレギュラー番組以外にも、複数の不定期放送冠番組、CS放送レギュラー番組（『坂上忍のボートレースに乾杯』）など、名実ともに〝日本一多忙な司会者〟としてテレビ界に確固たる地位を築いています。そんな坂上さんとバラエティ番組で共演しているのですから、海人くんさえ〝その気〟になれば、必ずや最高の教科書になってくれるでしょう。ましてや『坂上どうぶつ王国』ではサンドウィッチマンさん、くっきー！さんという、お笑い界屈指の売れっ子たちとも共演しているのですから。この秋にはレギュラー2周年、まだまだその先へと繋がって欲しいですね」

2019年3月まで『坂上どうぶつ王国』を担当していたディレクター氏は、
「海人くんは素直なので坂上さんからも気に入られてました」
——と、自身が関わっていた当時の様子を明かしてくれた。
「僕らは番組の立ち上げからスタート半年後まで関わっていましたが、坂上さんは当時もたくさんのレギュラーを抱えていて、収録が終わった途端にスタジオを飛び出さざるを得ない、反省会すら出来ないほどの多忙ぶり。見ていて気の毒なほどでした」（同ディレクター氏）
テレビ番組というのは、視聴者の反響やスポンサー側の意向、フジテレビ内部の評価などを総合的に判断し、企画を練り上げていくのだ。冠番組である以上は坂上本人も視聴率や評判も気になるだろうし、ならば毎回の反省会を「ちゃんと設定して欲しい」と願うのは、間違いなく担当ディレクター氏が〝番組を良くしたい〟生真面目なスタッフだからだ。
「そのために坂上さんのブレーンもスタッフに入ってはいるのですが、ようやく月に一度は反省会を開くことが決まったんです。するとその話をどこで聞きつけてきたのか、海人くんも『参加したい』——と」（同氏）
自分から積極的に意見を述べたいとか、アイデアを出したいという目的があったわけではない。ゴールデンタイム、それも金曜日にオンエアされる番組の制作過程を体感してみたかったのだ。

「当日、収録前に『今日は反省会でも勉強させてください』――と挨拶に来た海人くんに、坂上さんは『そうなの? 偉いねぇ』――と言いながらも、満更ではなさそうな顔をしていました」(同氏)

そうして『坂上どうぶつ王国』の収録は順調に進み、終了後には坂上を囲んで反省会が。

会議室代わりにスタジオの一角を使い、髙橋海人は少し離れた場所に置いたパイプ椅子に座ると、熱心にメモを取り続けたという。

「後でわかったのですが、坂上さんはこの時の海人くんの様子に興味を持ち、反省会が終わると『じゃあ俺仕切りでメシね』――と、行きつけの店を貸し切りにして僕らにご馳走してくれたんです」(同氏)

食事会の後も仕事が入っていた坂上、そして未成年の髙橋海人はソフトドリンクで参加していると、いきなり坂上が――

『海人、みんなで雁首揃えて会議するより、少しアルコールが入ったほうが議論が活発になるんだよ』

――と声をかけてきた。

『最初はちょっと驚いたけど、
でも坂上さんにいろいろと聞きたいことがあったから嬉しかった。
でも反省会のメモを出して質問しようとしたら、
「それは一旦仕舞っておこうか」――と言われて、
〝えっ？ 怒らせた!? 何で！〟とビビりました』

もちろん坂上は怒っていたわけではない。
それどころか高橋海人に――

『メモは自分で思い返す、間違いがないか記憶を補助するためのものだから、
後で家に帰って開きなさい』

――と言うと、坂上自身のこんな考え方を披露してくれたそうだ。

『自分たちのいる世界には誰もが納得する満点の答えはないし、
満点は取ろうと思って取れるものでもない。
それに解答を穴に埋めていったり、マークシートに印を付けるんじゃなく、
目の前にあるのは真っ白な解答用紙が1枚だけ。
そこにどんな文字や絵を描くのかが、俺たちに課せられるテストなんだよ』

――そう教えてくれた坂上。

『正直、だから何をどうすればいいのか、いまだに正解を教えてもらえない。
でも一つだけ、自分で考え、何種類もの答えを探す作業を繰り返したら、
俺にも〝考える力〟がついてきたな～って。
坂本さんの狙いって、ひょっとしてそこか(笑)？』

――そう言って坂上に感謝する高橋海人。

答えは番組が終了するまで聞けないらしい。
だから今は自分で答えを探しながら番組収録に臨むのみ。
まだ答えはわからないけど、髙橋海人は『坂上どうぶつ王国』について、これだけはわかっている――。

『めっちゃ楽しい』

――ことだけは。

"Snow Man、SixTONES"へのライバル宣言!

自粛期間中、配信ライブのセットリストやYouTube配信の打ち合わせ、チャリティーソング『smile』の練習をリモートで行っていたKing & Prince。

『そりゃあ本当はみんなの顔を直接見ながらやりたかったけど、
僕らはSmile Up! Projectを推進して、
メッセージを発信するジャニーズ事務所の一員だからね。
〔冗談でも新型コロナにうつりましたとか、絶対にあっちゃいけないから〕』

髙橋海人はこう言って、自分を律するかのように――

『お手本にならなきゃいけない使命感とか責任感は、きっと人生で一番感じている』

──とも。

「海人くんは真面目ですからね。Mr.King vs Mr.Princeが期間限定で結成された時も、『きっと世間は最年少の自分が頼りない、甘えん坊だと見てると思うけど、いい意味で裏切りたい』──と話していたほどです」

テレビ朝日『SUMMER STATION』を担当していたディレクター氏は、髙橋海人について、

「甘いルックスに似合わず、『年下だから舐められたくない』──という強い気持ちを持っている」

──と語った。

「一歩間違えれば〝わがまま〟〝自己中〟になりがちですが、同時に彼は上下関係にはちゃんとケジメをつけるので、テレビに映る時はメンバー同士フランクに話しますが、カメラが回っていないところではキッチリと敬語になる。普通は逆なんですけどね」（同ディレクター氏）

そんな髙橋海人は昨年の夏からの1年間で、自分以外のKing ＆ Princeメンバーに微妙な変化を感じているというのだ。

「海人くんは『言っちゃっていいのかな……』と不安そうな雰囲気でしたが、僕は全然構わないと思いますよ。だってそれが普通じゃないですかね？ 彼らそれぞれにとっては」(同氏)

それは今年の1月に同日デビューを果たし、累計で200万枚近くの〝超絶〟大ヒットを記録したSnow Man、SixTONESに対しての〝強いライバル意識〟だった。

「複雑なんですよ。King&Princeのメンバーにとっては、Snow Manのラウールくんを除き、ほぼ全員がJr.時代の先輩。唯一、岸くんにとってSnow Manの目黒蓮くんが後輩で、神宮寺くんは(目黒蓮が)ほぼ同期というだけで、後は全員がJr.時代は先輩ばかり。そんな先輩たちをブチ抜いて2年前は下克上で悔しい思いをさせたのに、今度は逆にすべてのデビュー記録を塗り替えられてしまった。〝抜きつ抜かれつのライバル関係〟は、この先延々と続いていくと思います」(同氏)

Snow ManとSixTONESで最も早くJr.入りしたのは、深澤辰哉と阿部亮平の2004年8月12日。同期はHey! Say! JUMPの山田涼介だ。

髙橋海人が入所したのが2013年7月24日だから、ほぼ丸9年間の差がある。

『だから深澤くんに限らず、
俺にとってはデビューが早かろうが遅かろうが永遠に先輩で、
そんなライバル意識なんか持ってない。
いや、持てないんだよね、最初から（苦笑）。
でも俺以外はいろいろと複雑でさ。
だからマジ自分からは触れないようにしてるワケ』

King＆Princeでは最もJr.歴が長い岸優太は、2009年7月20日に入所。
同じ年の2月にSixTONESの松村北斗が、5月に高地優吾が入所していて、彼らは岸が入所する直前、中山優馬w/B.I.Shadowに抜擢され、2009年組の先頭を走っていた。

岸は――

『もし自分がもう少し早く入っていたら、ひょっとして（自分が）』

――と、一方的にライバル意識を抱いてきた。

『ジンくんは逆に、目黒くんより1ヶ月ぐらい遅くても、すぐに岩橋くんと注目されてたから、目黒くんに〝ライバル意識を持たれるほう〟だったんじゃないかな。

廉は何と言っても関西Jr.で向井くんにこき使われていたからね。

そういえば紫耀は向井くんと同じユニットだったんだ。

関西Jr.に入ってすぐにユニットにも入って、
でも1年ちょっとぐらいしかいなかったんじゃなかったっけ？ 東京に来て。

だったら向井くんに恨まれているかも』

〝こき使われていた〟のではなく可愛がられていたのだし、〝恨まれているかも〟もないだろう。

……というか髙橋海人、バリバリに野次馬根性丸出しではないか（笑）。

『俺さ、去年のJr.の東京ドームの時、
紫耀が「俺たちだって単独でやらせてくださいよ」――って、事務所の偉い人に言ってるのを聞いて、
最初はすげえ向上心だと思ったんですよ。
だって俺なんか、怖くて単独ドームなんて立てないもん。
でもその後でSnow ManとSixTONESがデビューして、
一瞬で俺たちのデビュー記録を破った時、あいつはガチで悔しがっていたんです。
俺なんかは「先輩が売れて良かったな～」しか思わなかったのに。
今、紫耀がキンプリを引っ張る形でガンガン前に出ているのは、
そういうあいつの性格というか、負けず嫌いにも程があるぐらいの剥き出しの闘争心というか、
そういうのを持っているからに違いないんですよ。
だから俺も決めました。
「紫耀に負けないぐらいの気持ちを持つ！」――って』

新たな決意を宣言した髙橋海人は、果たしてJr.時代の先輩たちに向かっていけるのか――。

乞うご期待!!

King & Prince STYLE

キンプリ スタイル

4th Chapter

キンプリ★フレーズ集

King&Prince Phrases

平野紫耀

『お給料をもらって現場に出て、
お給料以上の勉強をさせてもらってる。
そんな俺がファンの気持ちや期待を裏切らないのは、
最低限の責任だと思う。
源泉徴収みたいなもの？』

例によって飛び出す〝イメージだけで語る〟天然発言。平野紫耀がいいことを言おうとすればするほど、結局はスベってしまうのか(笑)？ しかしどれだけスベろうと、平野の〝ファンを大切にする想い〟は十分に伝わってくる。

『自分に出来ないことを見つければ、
自分に出来ることも同時に見つかるんじゃないかな。
でも逆は違うと思う。
感覚だけど（笑）』

どんな感覚からそう感じたのかを説明してもらうと夜が明けてしまうかもしれないが（笑）、平野紫耀はまず自分に足りないものを探し、限界を認めることで「これなら出来る」「こうすればもっと出来る」——と、可能性を見い出していくタイプなのだ。

『「成功した時の快感をいつまでも忘れないのは甘い人間。
俺は失敗した時の苦さを忘れない。
二度と同じ経験をしたくないから」――って、
健人くんはやっぱりマジ発言も〝王子さま〟でした』

ドラマで共演し、距離が縮まった〝王子会〟の先輩。自分には
とても真似することが出来ない繊細な言動や気遣い、思いやりで
リードされると、「男同士でも好きになっちゃう」――とは、
平野紫耀談。

永瀬廉

『凧は向かい風の時が一番上がるわけで、
人間も向かい風に晒されたほうが絶対に強くなる。
そして高く飛べるようになる』

向かい風に立ち向かって進むためには、自分の体幹が太くしっかりしていなければならない。しかしそれは物理的な筋肉などの話ではなく、精神的な体幹の強さ。永瀬廉は飛躍するため、その〝心の体幹〟を鍛える。

『「次はこうなっていたいな」――って、
目標は身近なところに置くタイプ。
めちゃめちゃ大きな目標を立ててる人って、
その途中で何もせずに甘えてるだけだもん』

手の届く目標をコツコツと、キッチリとクリアしていく
積み重ねこそが、将来の大目標を叶えるための準備期間。
「コツコツと積み重ねることを嫌い、避けて通る人間ほど
途中で挫折するものだ」――と永瀬廉は語る。

『やたらと偉そうに勝ち組気取りしてる人ほど、
人間としてのスケールは小さい。
そりゃそうだよね、小さいから大きく見せたいんだもん』

果たして人間の勝ち組と負け組とは、一体いつの状況を指すのだろう？　昨日までの勝ち組が、明日は負け組に落ちる話はざらに転がっている。永瀬廉は「勝てば勝つだけ謙虚に生きる。それが大切なんじゃない？」――とすでに達観しているかも。

『早く年を取りたい！
そうしたら2～3年前の自分が恥ずかしくなるぐらい、
立派に成長した自分がいるはずだから』

普通は〝いつまでも年を取りたくない、出来れば若返りたい〟と感じるところ、早く大人になりたい髙橋海人。逆ピーターパン症候群（？）なのは、むしろ〝カッコいい大人になっている自信がある〟からなのだ。

『思いっ切り寝られるのはすげえ幸せだけど、
それが一番二番になってるうちは、
まだまだ人生の楽しみを知らないんじゃないかな？
……ちな、俺ね（笑）』

日々のサイコーの幸せは、「ちな、俺ね」と言うように、目覚まし時計をかけずに思いっ切り爆睡すること。しかし一方では、「寝る時間もったいなくね？ 人生楽しむ時間も減ってるんだぜ。だから俺と遊ぼう」――と誘う、神宮寺勇太の悪魔の囁きが（笑）。

『紫耀が連ドラや映画にバンバン出るようになると、
同じグループの俺もチヤホヤされるようになった。
でも、ちっとも嬉しくないよ。
俺の向こうに紫耀を見てるだけだから』

グループアイドルは男女問わず、誰か一人にスポットライトが当たり、そのメンバーが全員を牽引することでブレイクに繋がる。今のKing & Princeでは間違いなく平野紫耀がそのポジション。果たして髙橋海人はそれを覆していけるのか⁉

岸優太

『俺だって悔し泣きをしたことがあるよ。
でも絶対に逃げないからね！』

出来れば涙など流したくはないが、どうしても止められない時がある。その悔し涙を明日に繋げるために大切なこと。岸優太は〝悔しさの原因から逃げず、とことん戦うこと〟をモットーにしている。

『「努力しよう、努力しなきゃ!」……じゃなく、
俺の場合は——
「今日は昨日より頑張ってみよう」——の癖をつけてるだけ』

自分自身に喝を入れる、気合いを入れるのはもちろん悪いことではないが、ただしそうした行為はそれだけで満足し、完結した気持ちになりがち。言葉のマジックに浸るのではなく、やれることを目標に設定することが岸優太のメソッド。

『よく「人間は外見よりも中身」っていうけど、「外見に最低限の気を遣えない人は、中身も大して磨かれていない」――って、俺は思ってる』

多くの場合、外見よりも中身を磨くことに重きを置くほうが重要だ。しかしもっと多くの場合、他人はその第一印象で人間性も判断しがちなことを忘れてはならない。岸優太は「外見を整えるぐらい、簡単じゃね？」――と語りかける。

神宮寺勇太

『見栄を張って嘘をついてもいいんだよ。
その嘘が本当になるぐらい、
必死に頑張ればいいだけの話だから』

自分を追い込むために、あえて嘘をついて理想の自分を演出する神宮寺勇太。〝必死に頑張れば理想の自分になれる〟——それを「俺が証明したい」のだ。

『「他人を傷つけるより傷つけられたほうがマシ」
——と、考えたことはあるね。
だって他人を傷つけた夜は自己嫌悪に陥るんだもん』

「あの時、もう少し大人の対応が出来ていれば」「軽口のつもりが、相手の心にダメージを与えてしまうとは」……神宮寺勇太がくよくよと考えてしまうとすれば、それは他人を傷つけてしまった時だ。

『空は曇ってても、その雲の上には晴れた空が広がってる。
俺、曇りの日に飛行機に乗るたび、
ちょっと人生感じちゃってるかも(笑)』

どんよりと曇った雲を突き抜けると、空はどこまでも青く広がっている。目の前のトラブルを解決すれば、心のモヤモヤが吹き飛んで澄んだ気持ちを取り戻せる。神宮寺勇太は「だから飛行機に乗る時は悪天候の日に乗りたいんだよね。揺れすぎは困るけど」——と言って笑う。

岩橋玄樹

『僕のキャリアはまだ1年目。
20年以上も続けている先輩たちが何人もいらっしゃるのに、
1年ですべてを手に入れようなんておこがましい。
病気と向き合い、自分のペースで夢を叶えていきますよ。
一歩ずつね（笑）』

2018年11月、パニック障害のために芸能活動を休止した岩橋玄樹。活動休止を決意した際に、自らに言い聞かすようにこう語っていた。すでに活動休止から1年半以上、病気と向き合っている彼は、今何を考え、何を感じているのだろうか――。

『俺はずっとアイドルでいたい。
ファンのみんなの期待に応えることが、
何よりも楽しいから』

これぞＭｙｏｊｏ誌で〝恋人にしたいJr.〟を5年連続で制覇した岩橋玄樹の真骨頂。アイドルは誰かに強いられて続けることではない。自らの信念で務め上げるものなのだ。この信念がある限り、彼は元気になって再び〝アイドル〟としてファンの前に戻ってきてくれるはずだ。

『どうせ見るなら大きい夢を見ないと。
だって小さい夢には誰も共感しないし、
誰もついてこないから』

夢の大小は人によって違うが、それでもその夢の与えてくれるスケール感は、文句なしに人を惹きつける。岩橋玄樹の夢、ファンに見せてくれる夢はどれほど大きいだろうか。一日も早く、岩橋の描く夢を見せて欲しい。

『これは本当、あえて目標にしたいんですよ。

「1日でも早くゴールデンタイムに自分たちの冠番組を持ちたい」

――って』

岩橋玄樹が掲げた〝次に叶えたい目標〟こそが、1日でも早くKing & Princeでゴールデンタイムに冠番組を持つこと。しかしそれは自分たちのためではなく、まだ見ぬ後輩に夢を与え、次世代に希望を繋げるためだったのだ。その目標を叶えるためにも、岩橋は1日も早くKing & Princeに復帰しなければならない。

『俺に足りないものをジンが持っていて、
ジンに足りないものを俺が持ってる。
つまり表と裏みたいな関係』

いつも2人で、ずっと一緒に歩いてきた。もちろん出会って以来、こんなに離れ離れのままで過ごすのは初めてだ。神宮寺勇太と岩橋玄樹――じぐいわコンビ、復活のその日まで。

『「生まれ変わっても、また自分になりたい」
——そう思えるように生きていけば、
きっとすべてがポジティブに進むんじゃないかな。
俺はこれまでの人生も、そしてこれからの人生も、
「また自分で生まれてきたい」と思えるように生きてきたし、
生きていく。
ただ一つだけ注文を付けるとしたら、
身長はあと5センチだけ高いほうがいい。
10センチだとプロ野球に行っちゃうからね(笑)』

「生まれ変わっても、また自分になりたい」——一片の曇りもない
岩橋玄樹の気持ちは、〝必ずファンの皆さんの前に帰ってくる〟
決意の表れだ。

5th Chapter

岸優太

King&Prince **Yuta Style**

リーダーとして〝自分に出来ること〟

「本来、今年はKing & Princeがメインパーソナリティを務めることが一昨年から予定されていました。メンバーの担当も割り振り、〝久しぶりにチャリティーランナーも（メンバーから）どう？〟と調整もしていたんです。ところが昨年末の段階でジャニーズさんのほうから〝King & Prince単体は難しい〟との最終判断が下され、2017年から3年ぶりの混成チームになったのです。ただし前回は嵐の櫻井翔くん、NEWSの小山慶一郎くん、KAT-TUNの亀梨和也くんと、それぞれが大舞台でも単独で番組を回せる顔ぶれ。今年は井ノ原快彦くんしかその役割がいないので、チャレンジといえばチャレンジでしょう」

1978年の第1回から42年間に渡って放送されている、日本テレビ系列『24時間テレビ 愛は地球を救う』。

今さらだが混成チームの5人とは、キャプテンの井ノ原快彦（V6）、副キャプテンの増田貴久（NEWS）以下、北山宏光（Kis-My-Ft2）、重岡大毅（ジャニーズWEST）、そして岸優太だ。

先ほどから話してくれているのは、当の日本テレビ関係者氏。

「岸くんが記者会見冒頭の挨拶で『よろしくお願いします！』と早口で捲し立てると、即座に井ノ原くんが『岸くんの〝よろしくお願いします〟は何であんな短いの？』――とツッコむ。すると岸くんが『ちょっと緊張で、心拍数が口に出てしまいました。自分でもびっくりしました』――と、ワケのわからない説明をした直後、井ノ原くんがニヤッと笑った。あの悪だくみ風の笑い方は〝ボケ役はコイツだな〟――と素材を見つけた笑いでした（笑）」（日本テレビ関係者氏）

まさに読み通り、その後も――

『King＆Princeの岸優太です』

――という自己紹介に、

『早くない!?』

『早送りやねん』

――と周囲から一斉にツッコまれた岸優太。

それでも岸は――

『先輩方とこうして出られるのは、勉強させていただく思いでいます。そして何よりKing & Princeとして選抜で来ていますので、自分なりに胸を張って物事などを伝えたり、何かグループにも還元できたり、この『24時間テレビ』を通していろんなことを学んで、「人生としても成長していきたい」――と、本当に心の底から思っております』

――と、あたふたしながらもシッカリと抱負を語っていた。

ファンからすれば「この5人でどんな化学反応を見せてくれるんだろう」の楽しみしかないが、しかし今年に限ってはギリギリまで「オンエアするべきではない」と、不穏な空気も漂っている。

「裏事情を知らない方は〝コロナ禍で『24時間テレビ』をやるべきではない〟と言いますが、募金をしなかったらしないで、困る方が確実に大勢いるんです。確かに局には20億円近い広告収入が入りますが、局内には『公益社団法人24時間テレビチャリティー委員会』という組織があり、毎年10億円規模の募金をそのまま寄付する役割を担っている。番組が行われなければ、募金もそこまで集まりませんからね」（同関係者氏）

なるほど、それはどんな形であれ『24時間テレビ』は完遂しなければなるまい。

「キャプテンの井ノ原くんが『（5人には）共通点があまりない』と言うと、岸くんが『僕は見つけました……。後輩の僕が言うのも失礼になっちゃうかもしれないんですけど、皆さん笑顔がかわいくて。だから映像越しに〝ポジティブさやかわいさは届けられるな〟と確信しました』――と言い出した時には、彼は単なるイジられ役じゃないと確信しました。もっともすぐに『岸くんもかわいいよ』――と、周囲の先輩たちからイジられてはいましたけど（笑）」（同氏）

岸優太によれば――

『(『24時間テレビ』出演をKing & Princeのメンバーに明かした時には)拍手喝采でした!
自分のことのように喜んでくれました』

――とのこと。

『今は正直、紫耀しか名前が売れてないし、他のメンバーはやっぱり悔しい。
でもその紫耀にしても、まだまだお爺ちゃんやお婆ちゃんには全然知られてない。
だから俺が『24時間テレビ』を通して、
「こんな子もいるんだ。面白そうなグループだね」と思ってもらえるように、
暴走しない範囲で飛ばしていきたい。
コロナに負けず、日本と世界を明るい希望で埋め尽くしたい!』

岸優太はリーダーとして「自分に何が出来るか」を、前を見据えて考えていたのだ――。

リーダーの素顔は〝リアル・努力家マトリョーシカ〟

岸優太は「愛すべき男」「愛されるべき男」「愛されている男」だ。

しかし本人はマジ顔で――

『自分が愛されるよりも〝King & Prince〟というグループが愛されて欲しい。
そしてファンのみんなは、俺が愛するからもう少し待って欲しい。
必ず会いに行く』

――なんて、〝どこのドンファンだよ!〟とツッコミたくなるセリフを平気で口にする(笑)。

日本テレビ『ZIP!』制作プロデューサー氏は、岸優太が『24時間テレビ』メインパーソナリティの5人に選ばれて以来、『ZIP!』をバックアップする担当に選ばれたという。

「要するに雑用で、岸くんにくっついて世話を焼く係ですよ（笑）。一応、それぞれのメンバーに制作のプロデューサーがくっついてますね。まあ、ある程度の決定権や裁量権がないと、タレントさんと行動を共にすることは出来ませんから。あっ、井ノ原くんだけは2人ついてます。5人の中で一番偉いので」（同制作プロデューサー氏）

ちなみに岸優太以外の4名は、現在、日本テレビにレギュラー番組を持っていない。

つまり担当してくれるプロデューサーと初見の者もいるだろうから、その点でも岸優太は『ZIP!』プロデューサーがついてくれたことで精神的な気遣いも減る。

「とはいえ、僕がキンプリコーナーのロケに出ることはないので、岸くんからは〝顔見知り程度〟としか思われていない可能性もある。だから自分からもう少し彼を知るべきじゃないかと考え、メンバーにいろいろと聞いて歩いたんですよ」（同氏）

岸優太とはどんな人物なのか？

まずはプロデューサー氏が聞いた、メンバーからの評判だ。

『単純に可愛い人ですよ。
笑顔もそうですが、焦った時の仕草とか』〈平野〉

『真面目ですよね。それで一生懸命。
合ってるかどうかわからないけど、凄い頑張って働く〝犬〟みたい』〈永瀬〉

『昔から思ってたけど、いっつも普通にフラットで平等な人。
こちらが望めば何時間でもマジ話につき合ってくれる』〈神宮寺〉

『その気にさせてくれる人、かな？
岸くんが「大丈夫、お前なら出来る」――って言ってくれた仕事は、
たいていが上手く出来た』〈髙橋〉

――4人の大絶賛を受けて、岸も黙ったままじゃいられなかったようだ。

『俺は昔から人に恵まれていて、人に支えられて生きているので、

「これからも楽しい毎日のLIFEをみんなと作っていければいいな」――って思ってます。

今は生きていて本当に幸せで、だから俺に関わる人は全員を幸せにしたい。

紫耀はふざけるところと真面目な部分のメリハリがあるし、人としてしっかりしている。

神宮寺はああ見えて冷静な性格で、常に物事を四方八方から見られる人。

廉はとにかく素直で純粋。

だからどうしたって憎めないし、しかもあのルックスでしょ？ 腹立つぐらいかっこいい。

海人は誰かが困っていたら飛んでいく、キンプリの〝コードブルー〟みたいな人かな（笑）』

さらに岸優太はリーダーとしての自分を――

『ぶっちゃけ長い目で見て欲しい』

――と、やや自信なさげに分析する。

『俺は〝リーダー〟って学級委員長の要素と番長の要素、
どっちも持ってる人じゃないかと思うんですよ。
自分はどっちも持ってないけど（笑）』

――それは困ってしまうのでは？


『基本的にはリーダーは、周囲を引っ張って高められる人だと思うし、俺とはどうだろう？

……そこは何とも言えない。

でも「みんなを高めたい」とは常に思ってて、時間はかかっても誰一人置いて先には行きたくない。

よく年上の先輩方に〝真面目なリーダー〟って言われるんですけど、
自分には何が真面目で何が真面目じゃないのかもわからないし、あまり頭も良くないから（苦笑）。

難しく捉えるよりは〝感性優先〟で引っ張っていくつもりです』

そんな岸優太が一つだけ〝過去をやり直せる〟なら、ジャニーズJr.に入りたての頃の自分を「調子に乗るな！」と叱りつけたいという――。

『若気の至りで「俺、ジャニーズだから」……みたいな態度を取ってしまって、リアルに友達が減りました(笑)。

そしてファッションとか見た目を当時のB系で決めて、自分でも痛いぐらいカッコつけてて。

今の若いJr.にもアドバイスすることがあるんですけど、ファッションや髪型を競うんじゃなく、レッスンで流した〝汗の量〟で競って欲しい。何リットル流せばいいとかじゃなく、その汗は必ずスキルになって自分に還ってくるからね』

〝謙虚〟〝努力家〟とは岸優太に貼られたポジティブなレッテル。

そのレッテルが剥がれた内側からは〝さらに謙虚な努力家〟の姿が現れる。

まさに〝リアル・努力家マトリョーシカ〟――。

それが岸優太の素顔なのだ。

〝モノ〟に対する岸優太流ポリシー

ダウンタウンがＭＣを務めるトークバラエティでは、スペシャル番組収録時、スタジオ入りしたタレントの全身コーディネートを私服チェックと称し、アクセサリーや時計なども含めた合計金額で順位を付けるコーナーがある。

もちろんマネージャーには事前に連絡が入り、その主旨は了解済みだ。その上でタレント側は〝高級品をつけるか〟〝ファストファッションで済ませるか〟など、自分が有利に映るコーディネートを考えて収録に参加する。

それらはあくまでも〝仕事〟なのでオンエアでイジられるのは織り込み済みだが、タレントにとって厄介なのは、スタジオ入りする際にファンや野次馬から私服姿が狙われ、ＳＮＳに投稿されて晒し者にされることだ。

番組でもないのに高級品だらけでは「下品」と蔑まれ、ファストファッションでは「ダサい」とセンスを疑われる。

「ジャニーズの場合、それこそもう30年以上、私服姿を撮られてネタにされてますよね。昔は投稿系の月刊誌に応募するだけでしたが、今はスタジオ入りした数秒後にはSNSで晒されてしまう。Ｔｗｉｔｔｅｒにはジャニーズの私服をアップする専用のアカウントが、消されては立ち上がるイタチごっこで現れています」

こう言って苦笑いを浮かべるのは、某人気女性アイドルを担当する大手芸能プロダクションのマネージャー氏。

「女性アイドルの場合、撮影会や撮影可能イベント以外で写真を撮ってSNSに挙げると、当該ファンを即座に〝出禁〟にします。厄介なファンを有無を言わさず排除していけば、他のファンは怖くて真似しません。彼らにとって出禁にされることは、言わば死刑宣告と同じですから。その点、ジャニーズさんはファンの裾野が果てしなく広がっているので、出禁にするのもひと苦労でしょう」

マネージメント側にとってはいつの世も頭が痛い盗撮問題だが、逆にそれがある特定のメンバーの〝好感度爆上げ〟に一役買うこともある。

先の私服アカウントで話題になっているのが、岸優太の〝堅実さ〟だ。

「たとえば現場入りする時に彼らが肩から下げている、あるいは手にぶら下げているカバンの値段を比べてみると、Ｈｅｙ！Ｓａｙ！ＪＵＭＰの山田涼介くんと知念侑李くんが20万円、伊野尾慧くんが12万円といったように、人気タレントとして〝その程度のカバンは持つよね〟という、そこそこの値段のカバンを持ち歩いています。ところが岸くんはナイロン製でノーブランド、値段も推定1，000円以下のナップサックを使い込んでいる姿がＳＮＳで拡散され、超売れっ子になった今でも〝人気に左右されない〟〝調子に乗らない〟堅実な庶民派ぶりが絶賛されているのです」（同マネージャー氏）

また某Ｂ砲オンラインなどでは平野紫耀を成金扱いするためにか、「ＧＵＣＣＩ大好き人間」「300万円のデイトナ（ＲＯＬＥＸ）をつけている」などあまり好意的には取り上げられないが、一方の岸優太を「ブランド物と言えるのはニューバランスのスニーカーくらい」とネタにしていたこともあった。

「単純に岸くんはファッションに無頓着なだけでしょう（笑）。でもタレントがそれなりの値段がするハイブランドを身につけるのは、ファンに対して夢を与える、そういう〝使命〟があることも忘れないでください。ひと昔前は逆に岸くんのようなタレントを〝ケチ〟〝銭ゲバ〟と、むしろ好感度を下げる要因になっていたぐらいですからね（苦笑）」（同氏）

確かにそういう意見があるのも事実だ。

『う～ん……別に俺は好感度を狙っているわけではなく、
自分に必要なモノを、必要とする値段で買い、必要な時に使っているだけだからね。
ただ紫耀みたいに40万円も50万円もするカバンを使っていたら、
怖くて楽屋にも置きっぱにしておけない。
そういう意味では〝貧乏性〟なんじゃないかな。
でもカバンの役割って何か知ってる？
物を入れて、運ぶことだよ』

――そう言って笑う岸優太。

念のためにお断りしておけば、もちろん岸優太は平野紫耀のカバンを否定しているわけではないので、
皆さんにはくれぐれも誤解のないようにお願いしたい。

『俺は自分に必要なモノを、必要とする値段で買い、必要な時に使っているだけだからね』

それが〝モノ〟に対する岸優太流のポリシーなのだ。

根っからの〝テレビっ子〟岸優太

東京都、埼玉県、千葉県、神奈川県、大阪府、兵庫県、福岡県の7都府県に緊急事態宣言が発令された4月7日以降、King＆Princeのメンバーは自宅待機となり、打ち合わせは原則リモート会議で行うことになった。

「岸くんは『**無観客での配信ライブを行えたことがせめてもの救いだった**』――と、当時を振り返っていました。ちょうど緊急事態宣言発令の1週間前でしたから、もし感染が早く広がって〝無観客ライブに被っていたら……〟と。『**あのライブがファンのみんなをはじめ、世界中に少しでも勇気や希望を与えられていたら**』――と、神妙な顔をしていましたね」

話してくれたのは、日本テレビ『ZIP!』を担当する放送作家氏だ。

「〝MEDAL RUSH〟でどんなスポーツに挑戦するかは、それこそ1クール（13週）ごとに決まっていますが、さすがに緊急事態宣言中は何も出来ません。それでもたまには顔を見ながら話をしたくなったので、最初は通話アプリのテレビ電話機能で連絡してみたんですよ」（同放送作家氏）

連絡先を知っていたのは岸優太だけ。

しばらくの間、呼び出し音だけが空しく響く。

30秒ほどして顔を見せた岸は、大慌てで「10分後にかけ直します！」と言って電話を切ってしまったではないか。

ハッキリ言って、「これはもう明らかに〝彼女しかない〟とピンと来ました」と笑う放送作家氏。

しかし約束通り10分後にコールバックしてきた岸は――


『すいません。録画してないから最後まで見るしかなくて……。

俺、テレビっ子なんです』

――と、平謝り。

そう、岸は単に〝テレビを見ていた〟だけだったのだ。

「それにしても、あまり岸くんと〝テレビっ子〟が結びつかないのでピンと来ませんでした」（同放送作家氏）

テレビに出る側の人間には2つのパターンがあって、自分が出演する番組しか見ないタイプと、気になる番組はすべてチェックする根っからのテレビ好きがいる。

岸優太が間違いなく〝後者〟なのは言うまでもない。

『テレビは好きです。

僕は子供の頃から「あの機械の中には夢も希望も全部入っている」

——と思ってましたから(笑)』

そんな岸優太に言わせると——

『いい番組、悪い番組をハッキリさせてくれたのが、今回の新型コロナと緊急事態宣言でしたね。

普段は見たこともない番組も積極的に見て、

〝今視聴者が望むものは何なのか〟ピンポイントで取り上げることが、

テレビ番組が生き残る方法だと思うんです。

すいません、テレビの裏事情とかまったく知らずに好きなことを(苦笑)』

ちなみに岸優太は――

『自分の趣味になっちゃうけど、
今のジャニーズバラエティで一番面白いのはキスマイさんだと思う。
『キスマイ超BUSAIKU!?』はまったくブレないし、
テレ朝の番組（『10万円でできるかな』）は、
あのサンドウィッチマンさんと互角に渡り合ってる。
今のジャニーズでそれが出来るのはキスマイさんだけ』

――なのだそう。

自ら〝テレビっ子〟と言う岸優太が、King & Princeとして冠番組を持った時、どんな面白い番組を作り出すのか。

今から楽しみに待とうではないか。

リーダーが考える〝今のKing＆Princeに必要なこと〟

岸優太がKing＆Princeのリーダーとして〝ずっと考えていた〟のは、ただ一つ――

『今のKing＆Princeに必要なのは、
プライベートの時間を削ってでも本格的なボランティアをすること』

――だと語る。

「新型コロナウイルスの自粛期間と、県境をまたいでの移動制限。政府や地方自治体が発表した基準をクリアしたかと思ったら、九州が大水害に襲われた。それでボランティアの人が駆けつけようとしたら、県をまたいでのボランティア参加はお断りする――みたいな、正直お手伝いをしたい人は山ほどいるのに、それが出来ない。それを見るに何ともやり切れない想いにさせられます」

こう言って嘆くのは、日本テレビ『ZIP！』で〝MEDAL RUSH〟を担当するディレクター氏だ。

彼がそう嘆くのは、九州で被災した某県の出身で、親族が多く暮らしているから。手伝いに行きたくても「今の東京から行くのは憚れる」と、毎日のように電話をかけて様子を窺うのが関の山だという。

「そういう話をつい岸くんにしてしまったら、急に押し黙ってしまって。彼にも被災した過去があるのかと申し訳なく感じていたら、いきなり『**今のKing & Princeに必要なのは、プライベートの時間を削ってでも本格的なボランティアをすること。ずっと考えていた**』——と言い出したんですよ」

(同ディレクター氏)

Johnny's Smile Up! Projectには災害支援も含まれるので、メンバーの多くはボランティアの経験があるが、中でも家族が東日本大震災で被災した八乙女光(Hey! Say! JUMP)などは、この7月の豪雨災害のニュースには心を痛めていたに違いない。

「岸くんはJr.時代にHey! Say! JUMPのバックについたこともあり、八乙女くんには何度も焼肉に連れて行ってもらったそうです。食事の席で八乙女くんが被災について語ることはなかったそうですが、逆にそれで『**八乙女くんはどんな支援をしてきたんだろう**』と興味を持ち、『**いろいろなスタッフさんからエピソードを聞いた**』——と話してくれました」(同氏)

尊敬する先輩が懸命に支援活動をしているのだから、影響を受けないほうがおかしい。

ではなぜ、今のKing & Princeに災害ボランティアに参加することが必要なのだろう——。

『自分たちはJr.の頃から注目してもらえて、一時は夢を諦めかけたこともあったけど、こうして今、皆さんの支えで順調すぎる活動をやらせてもらっている。

でもこれは〝当たり前〟のことではないし、自分たちの力だけで手繰り寄せたわけでもない。

恩や愛情、チャンスといったものをただ頂く一方ではなく、自分たちの〝誠意〟と〝感謝〟を社会に還さないとバランスが取れないじゃないですか？

バランスが取れないグループは、すごく小さな綻びがきっかけでどんどん落ちてしまう。

俺、リーダーとしてそう感じていて、「今、目の前にやるべきことがあるんじゃね!?」――と、メンバーみんなに問いかけたい』

――そう語った岸。

申し訳ない。こんなにしっかりと、しかも素敵なリーダーだったとは正直知らなかった。

「実際、今のキンプリにボランティアに参加する時間的な余裕があるかどうかは微妙ですが、このリーダーがいる限り、キンプリは決してレールを外さないでしょう」（同ディレクター氏）

もし今、彼らが行くとパニックになり、それが被災地を苦しめる可能性もある。

だから実際に災害ボランティアに参加するとなると慎重にならざるを得ないだろう。

それはリーダーの、そしてメンバーの意思だけでは何ともしようがない。

でも気持ちは、心は、もう現地に飛んでいるに違いない——。

ライバル関係を超えた〝限りない可能性〟

平野紫耀と神宮寺勇太が舞台裏で見せる、ＳｉｘＴＯＮＥＳやＳｎｏｗ Ｍａｎに対するライバル意識。

ジャニーズJr.として入所した時期は様々だが、おおよそ２０１２年から２０１７年にかけて切磋琢磨した仲間。

しかしＫｉｎｇ＆ＰｒｉｎｃｅのＣＤデビューが発表された２０１８年１月17日からは――

『どうすればいいのかわからなかった。
俺はＳｉｘＴＯＮＥＳのメンバーとも仲が良かったから話したかったけど、でも向こうは、Jr.では後輩の俺が先にデビューしちゃうわけで……。
何だろう、キツかったよ（苦笑）』

――さすがの岸優太でさえ、そう振り返るほど、険悪な空気が漂っていたようだ。

「岸くんはSexy Familyの一員に組み込まれたりして、特に岩橋くんや神宮寺くんとは同じ現場によく放り込まれていましたが、でもJr.時代の彼にとって最も大切な現場は、間違いなく『仮面ティーチャー』なのです。岸くんが初めてオーディションを受け、初めて掴んだ配役。彼が演じた〝獅子丸〟は人を信じられない悲しい過去を持つ難しい役柄でしたが、そのハードルを見事にクリアしたことで『お兄ちゃん、ガチャ』のW主演に繋がったのですから」

2013年7月クールにオンエアされた、藤ヶ谷太輔(Kis-My-Ft2)主演の深夜ドラマ『仮面ティーチャー』。

「連ドラがオンエアされた翌年には、華空学院に赴任する半年前を描いたスペシャルドラマが放送され、またその1週間後には劇場版が公開。岸くんはこの劇場版で映画初出演となりました」

先ほどから話してくれているのは、この『仮面ティーチャー』はもちろんのこと、今は深夜の〝シンドラ枠〟を担当する、プロデューサー氏だ。

「岸くんからは定期的に季節の挨拶をもらいますし、黒の仮面ティーチャーことジェシーくんや、ボンこと京本大我くんも連絡をくれます。あの作品のメンバーは藤ヶ谷くんにせよ菊池風磨くんにせよ、今もつき合いがありますよ」(同プロデューサー氏)

つまり岸優太も『仮面ティーチャー』繋がりで他のメンバーとは良い関係性を保ってきたわけだ。

『Jr.に入ってからやっとチャンスが回ってきたオーディションで、
もちろん初めてで何もわからなかった時、
ガチにジェシーくんや大我くんに支えてもらって。
受かったのは本当に俺の力じゃなく、周りの皆さんのお陰。
……あっ、風磨くんはオーディション前に役をもらっていたみたい。
ドラマでの〝金ちゃん〟〝獅子丸〟の関係はサイコーだったよね』

——当時を振り返って語った岸優太。

彼が演じた〝獅子丸〟こと佐々木獅子丸は、金造（菊池風磨）を頂点とした最強軍団〝M4〟の一人。「シャドーマン」と呼ばれ、他人を裏で操る頭脳派であり情報通。金造とは同じ孤児院で育ち、一度は里親の下で育てられたが、虐待同然の扱いを受けたことで人間不信になり、金造以外の人間には心を開かなくなってしまった——という難しい役柄だった。

『何かさ、いっつも眉間にシワが寄る顔つきで、
撮影が終わってもしばらく跡が残っちゃったりしてた(苦笑)。
でも華空学院最強の男と強い絆で結ばれていて、
黒の仮面ティーチャーに入院させられた自分のために金ちゃんが戦うわけで、
そこだけを切り取って獅子丸と金ちゃんの作品を作ってもらいたかったな(笑)』

今でもふとした時に思い出すと、一瞬にして「獅子丸に戻れる」という岸優太。
そんな大切な作品で共演したジェシー、京本大我に対して——

『先輩であり、仲間だもん。
〝ライバル意識〟なんて持てるはずがないよ』

——と言うが、確かに岸の気持ちや想いは〝自然〟だ。

『みんな、表も裏も仲良くさ。
俺たちの世代が頑張らないと、
ＨｉＨｉＪｅｔｓや美 少年とか下の世代が出てこれなくなるから。
Jr.からデビューしたグループは、
次に出てくる下の世代のために〝地ならし〟するのも大切な役割だよ』

そう語る岸優太の見据える先には、目先のライバル関係を超えた〝未来のエンターテインメント界〟を担う彼らグループの〝限りなく大きな可能性〟が広がっている――。

King & Prince

STYLE

キンプリスタイル

6th Chapter

神宮寺勇太

King&Prince **Yuta Style**

ジャニーさんがKing & Princeに残してくれたもの

ジャニー喜多川さんがお亡くなりになってから、1年が過ぎてしまった。

「ジャニーさんが最後にデビューを認めたSixTONESとSnow Manは、その姿をジャニーさんに見てもらうことが出来ませんでした。しかしKing & Princeのメンバーは病気療養中の岩橋玄樹くん含め、6人共が晴れ姿を見てもらっている。というか、プロデュースしてもらっている。そういう意味ではKing & Princeこそが〝最後の愛弟子〟と見るTV関係者は多いですね」（人気放送作家）

確かにSixTONESとSnow Manからは〝滝沢秀明カラー〟を感じるものの、ジャニー喜多川さんが手掛けた〝ジャニーズブランド〟の匂いはしない。

しかし今後ジャニーズ事務所からデビューするアイドルは皆がそうだし、ジャニー喜多川さんの顔を見たこともないJr.も増えていく一方になる。

ジャニーさんの一周忌を過ぎてなお、喪失感は増すばかりだ。

『寂しいよね。
俺ら、６人でデビューすることを認めてもらえて、
デビューする時は――
「絶対に〝デビューさせて良かった〟と言ってもらえるように頑張ろう！」――って、
メンバーで誓い合ったぐらいだから。
〝こうしなさい、ああしなさい〟って言われたことはほとんどないから、
普段の会話の中から「きっとこういう意味だったんじゃないか」――って言葉を見つけてきて、
それを教訓にするしかない。今は』

――そう話す神宮寺勇太。

6人の中では〝ヤンチャ〟キャラに位置付けられていた神宮寺だが、ジャニーさんに対して、どうしても一つだけ――

『納得がいかない。
いや納得がいかないいんじゃなくて、
どうして俺たちには言ってくれなかったんだ』

――という想いがあった。

『デビューして、Jr.じゃないから、先輩方にもいろいろなことを尋ねる機会があったり、
それはSixTONESとSnow Manに対してもそうなんだけど、
でも俺たちに対しては何も言ってくれなかった。
その意味を理解するというか、自分の中でどう受け止めればいいのかが正直わからない』

――悩める男、神宮寺勇太。

それはジャニーさんがＫｉｎｇ＆Ｐｒｉｎｃｅのメンバーには――

『人に嫌われる覚悟を持ちなさい。
嫌われ役を引き受ける覚悟を持ちなさい』

――というセリフをかけてくれなかったからだ。

『先輩方とか、去年とかご飯に連れて行ってもらうと、
必ずジャニーさんとの思い出話になるんですけど、だいたいその話になって、
皆さん「やっぱり嫌われるのはイヤだよな」で大笑いして終わる――みたいなパターンだったんです。
でも俺たちは誰もそんなことを言われたことがないから、
逆に「最終的には認められてなかったんじゃね？」……って考え込んじゃうんです』

認められていないなんてことはあるはずがないが、実はＮＥＷＳ増田貴久がそう言われていたと知った時は、「かなりショックだった」という。

『増田くんにご飯に連れて行ってもらった時も、
何年も前にジャニーさんから――
「ユーは自ら〝嫌われ役〟を引き受ける覚悟を持ちなさい」――と言われたって聞いて、
ジャニーさんが亡くなってから改めて真剣に意味を考えたら、
結論は「何で手越じゃなくて俺なんだ?」――がオチになるんですけどね(笑)。
それでも増田くんが――
「自分がジャニーさんからどう見られていたのか、
今となっては言葉の意味も含めて確かめることは出来ない」
――と寂しそうに語る姿が、すごく羨ましかったんですよ。
おかしいかな?』

――そして神宮寺勇太は、その言葉を「自分にかけて欲しかった」と、叶わぬ夢を語る。

『後輩から見ても笑顔がトレードマークの増田くんに、
ジャニーさんは「ユーの笑顔は特別だから、いつも笑顔を忘れないこと」、
そして「嫌われ役を引き受ける覚悟を持つこと」――って、
真逆っぽいアドバイスをしていたと聞くと、
ますます「俺たちにもしてくれよ！」――ってなっちゃう』

――それが神宮寺勇太の本音。

『ただ考え方によっては、何も言われなかったからこそ自分たちで探す洞察力がついたというか、
考える力は間違いなく上がったと思うんですよ。
そして「ジャニーさんが俺たちに残してくれたのは、きっとそういうことなんじゃないかな？」
――と思うようにはなりましたね。積極的に（笑）』

これからも神宮寺勇太は〝正解を教えてもらえない〟答えを求め、自らの力で探し続けるだろう。
そしてそのことが、彼を何倍も大きな男にするのだ――。

〝次世代アイドルトップ〟としての責任

去る6月19日、手越祐也がNEWSを脱退してジャニーズ事務所を退所した。

手越といえば……で思い出すのは、神宮寺勇太との関係だ。

「King & Princeがデビューしてからは強い繋がりはなかったようです。しかし、まだKing & PrinceではなくPrinceとして活動していた頃、手越くんが『**Jr.で注目しているのは神宮寺勇太。彼は必ず(出て)来る**』――と公言していたのは有名な話。真偽のほどは定かではありませんが、後に神宮寺くんは手越くんの〝運転手〟をさせられていた時期もあったそうです。酔っ払った手越くんから夜中に電話が入り、迎えに来させるとか……」(日本テレビ関係者)

かつて手越祐也は、自分たちデビュー組を「ジャニーズ事務所に所属して、ジャニーズJr.からCDデビュー出来ただけで人生の勝ち組」と豪語していたことがあり、その姿を見たJr.たちが、一斉に「手越くん、カッケー!」と憧れたという。

「その手越くんの言う〝勝ち組〟とやらですが、退所してからも芸能界で確固たる地位を誇らねば〝負け組〟と同じ。現時点、ジャニーズを辞めても勝ち組でいられたのは、郷ひろみ（ソロ）と本木雅弘（シブがき隊）。後はTBS朝のワイドショー『はなまるマーケット』の司会を18年間も務め、地道にひと財産作った薬丸裕英（シブがき隊）ぐらいのもの」

話してくれているのは、NHK BSP『ザ少年倶楽部』ディレクター氏。

実は手越、数年前からなぜか『ザ少年倶楽部』の収録日にNHKホールに顔を出し、舞台袖から熱心にリハーサルと本番を眺めていたという。

時にリハーサルと本番の合間、気になった点を出演しているJr.にアドバイスしていたとも。

「神宮寺くんがKing & Princeでデビューしてからは、もっぱらSixTONESのジェシーくん、京本大我くんを誘っていましたね。手越くんが見学に現れた日には、だいたい、3人が連れ立って帰っていきましたから」（同ディレクター氏）

しかしディレクター氏に言わせると、ジェシーと京本は「明らかに神宮寺くんに対する扱いとは手越くんの対応が違った」そうで、

「神宮寺くんは手越くんから見ても『本物の次世代アイドル』――だと話していました」

――という。

ディレクター氏によると、手越が他の制作スタッフに――

『神宮寺みたいなヤツがアイドルで天下獲んないと、
たぶんこれから先、男子のアイドルは変わんないと思う。
アイツには〝次世代アイドルトップ〟にいる責任がある』

――と、Jr.時代の神宮寺くんについて話していたのを聞いたことがあるという。

「神宮寺くん自身は『そういうカテゴリーに入れられちゃう人って、だいたいがずっと〝次世代〟のままなんだよな～』――と、あまり嬉しくはない様子でしたけど（笑）」（同ディレクター氏）

さらに神宮寺に言わせると――

『俺よりも紫耀のほうを可愛がってたんじゃないですか？』

――と意外に素っ気ない。

『実際にご飯に連れて行って頂いたり、
リハーサル室でいろいろと悩みを聞いて頂いたりはしたけど、
俺の目から見ると紫耀と仲がいいというか、一緒にいる時間は長かったと思いますよ。
それはジェシーくんと大我くんも同じで、
3人揃って手越くんのボイトレ（※ボイストレーニング）を受けてたから。
俺も1回行ったことがありますよ。
六本木に手越くんお気に入りの高級カラオケがあるんです』

ただし神宮寺勇太はその時のことを――

『ガチの純粋にカラオケするため』

――だけに行ったもので、ボイトレ目的ではなかったそうだ。

『そこは俺のこだわりですね。

俺もボイトレに通うことはありますけど、
自腹でキチンと払う先生に付いて教えてもらってるんです。

生意気に聞こえたらごめんなさい。

でもやっぱり、スキルを身につけるならプロの先生にレッスン代を払って学びたい。

そうしないと自分の中で甘えてしまうというか、適当になってしまう気がして……。

〝手越くんならタダで教えてくれるから〟――みたいな動機で上手くなったヤツ知らないもん。

あっ、もちろん紫耀もジェシーくんも大我くんも、
根がクソ真面目だからちゃんと成長してますよ（笑）』

いろいろな考え方はあるだろうが、神宮寺流のポリシーもとても立派な考え方だ。

『ほんの少しだけ思ってたのは、
いくらジャニーズの先輩でも将来は追い越していかなきゃいけない存在だから、
〝変な借りは作りたくない〟ってのもあります』

――きっぱりとそう話す。

神宮寺勇太、どっしりとぶっとい芯が、体の真ん中を走っているに違いない。

『神宮寺みたいなヤツがアイドルで天下獲んないと、
たぶんこれから先、男子のアイドルは変わんないと思う。
アイツには〝次世代アイドルトップ〟にいる責任がある』

確かに手越の言う通り、神宮寺勇太がいずれ近い将来〝次世代アイドルトップ〟に君臨する日が来るだろう。

自称〝スベりKing & Prince〟からのアドバイス

バラエティ番組のロケやリアクションで、内心では〝失敗する〟〝ここは前に出ちゃダメだ〟と感じても、意地になって突っ走ることが続いたという神宮寺勇太。

『まあだいたい、思った通りカットされてますね(笑)。

前にスタッフさんから、

「カットされるかどうか、ディレクターの趣味だったり相性だったりがあるから気にするな」

——と励まされたことがあったんですけど、

某バラエティ番組に出た時は冒頭でゲストとして紹介されて以降、ワイプ以外で映らなかったに等しいですから(苦笑)』

——そう言って苦笑いする神宮寺勇太。

さすがにそれは極端な例だろうが、彼がバラエティ番組に出演する際、どうすればもっと映るか、もっと取り上げてもらえるかを〝真剣に悩んでいた〟時期があったのは事実だ。

『特にデビューした年ですね。
やっぱり自分らでもジャニーズからの新しいグループとなれば、
〝一度呼んで試してみよう〟と思ってくださるのか……』

そこで結果を出せないことで落ち込む気持ちはわかるが、一歩間違えて〝卑屈〟になってはならない。

『去年の夏に、とある先輩にいろいろと話を聞いて、勇気づけられたというか。
「俺なんかが悩んでる場合じゃないな」――って』

〝俺なんかが〟……と思えるほど勇気づけてくれた〝とある先輩〟とは誰だろう。

「きっかけは永瀬廉くんだったそうです。2人での『ZIP!』ロケが終了した後、永瀬くんから

『丸山くんとメシ食いに行こうや』――と誘われたそうです」

日本テレビ『ZIP!』制作ディレクター氏は、神宮寺勇太から「関ジャニ∞の丸山隆平くんにご馳走してもらった」と聞かされた時、意外な組み合わせに驚いたそうだ。

「別に相手はジャニーズの先輩後輩ですから驚く必要もないんですけど、でもやっぱり丸山くんは関西ですからね。神宮寺くんとの接点もないし。間に永瀬くんが入っていると聞いて納得しましたが、しかし会うことになった理由を聞いてさらに驚かされました」（同制作ディレクター氏）

それは永瀬が〝悩める仲間〟のために――

『ホンマにスベって困るなら丸山くんに会おう。

関西で〝自称スベりKing & Prince〟って言ってるらしいから。

どれだけスベっても絶対にめげないから』

――と〝スベりの大先輩〟に相談することを勧めたからだ。

「言われてみれば過去の様々なバラエティ番組を思い返しても、丸山くんにはリアクションの8割スベっても平気な顔でさらにネタを被せる強いハートがあるのは確かですよね」(同制作ディレクター氏)

連絡をすると丸山は「喜んでご馳走したるわ」と、待ち合わせの時間と場所を決めてくれたそうだ。

『丸山くんに会う前に廉にも相談したんですよ。

廉は——

「ジンは〝面白いことを言おう〟と肩に力が入っている。

俺なんかウチの爆発的な天然2人にはリアクションで勝てないから、

そこはあえて捨ててるけどな」

——って言うんです』

言わずもがな、リーダーの岸優太と平野紫耀のこと。

確かにあの2人には正面から戦っても勝てまい(笑)。

『そうしたら丸山くんが来てくれて、しばらく3人で美味しい焼肉を頂いて、なぜかデザートのタイミングで丸山くんが――

「ウケへんとわかっていても進むのはアカンけど、自分でオモロいと思って前に出てコケても、それは失敗やない。〝こうすれば失敗する〟っていう方法を学べて、一つ利口になったんちゃうん?」

――って、言ってくれたんです』

さすが、ジャニーズ有数の〝ポジティブシンキング〟メンバーだ。

丸山は――

『それにスベった回数が多ければ多いほど、俺のように面の皮が厚くなるねん。何でも跳ね返せるで』

――と笑ったところに、すかさず永瀬が、

『面の皮じゃなくて面そのものが厚くなってますやん』

――とツッコミを入れたとか。

それ以降、神宮寺優太は――

『スベることは怖くないし、悪くない。
丸山くんだってジャニーズに入って20何年もスベってるんだから、
俺なんかまだまだスベりの素人だもん』

――と、少なくとも〝怖さ〟だけはなくなってきたそうだ。

どれだけスベっても絶対にめげない〝スベりの大先輩〟のお陰で、悩みの向こうにようやく晴れ間が見えた神宮寺勇太。

それにしても丸山の――

『自称〝スベりKing&Prince〟』

――確かに見事なスベりっぷりだわ（爆）。

厄年もパワーに変える〝行動力〟

「まさか本当に行くとは思ってなかったので、僕のほうが驚きました。確かに日帰りでも余裕で行ってこられますけど、もし向こうで顔バレしたら大変ですし、土地勘も何もないんだからトラブったら……」

さすがに肝を冷やしたと振り返るのは、日本テレビ『ZIP!』制作スタッフ氏だ。

「去年最後のコーナー収録の時、神宮寺くんが1997年生まれだと知り、何気なく〝じゃあ来年は前厄だね〟と言ったんです。神宮寺くんは『そーなんですよ』とは言うものの、あまりよくわかっていないような口振りで『**厄年なんスよね〜**』と笑っていました」（同制作スタッフ氏）

皆さんも〝厄年〟という言葉は必ず耳にしたことがあるとは思うが、その意味はご存じだろうか?

実際には科学的な根拠はなく、かつ陰陽道に由来していると思われてきたが、それも正確ではない。

それゆえ厄年とは「そろそろ病気や災難に気をつける年令だよ」という忠告のような、気持ちの問題と捉えるのが一番ではないだろうか。

「厄年は男女で違い、1997年生まれの神宮寺くんは、今年が人生初の厄年、〝前厄〟になります。数え年で24才、来年は〝本厄〟、再来年は〝後厄〟ですね」（同氏）

ロケ収録が進み、次の休憩に入ると、スマホを取り出して何やら検索していた神宮寺が、制作スタッフ氏に——

『やっぱ伊勢神宮しかないっスよね！
俺の名字も神宮寺で親近感あるし』

——と言い出したのだ。

「スマホで〝厄年〟を検索したようです。さらに**『厄払いと厄除け、両方行かなきゃいけないんですか⁉』**——などと言うので、厄年について少し説明したんです」（同制作スタッフ氏）

とても簡単に説明すると、厄年にあたる人が神社で行うお祓いを「厄払い」、寺に出向いて行うお祓いが「厄除け」だ。神社、つまり神道では〝これまでに体についた塵を払い、身を清めた後に災厄などの邪気を取り払う〟儀式で、そして寺、主に密教（天台宗や真言宗など）寺院で行う厄除けは〝清めた体に厄を寄せつけないようにする〟儀式。テレビCMなどで流れる〝厄除け大師〟を訪れるのが一般的で、毎年、ジャニーズのデビュー組が初詣に参拝する川崎大師（平間寺）も、有名な厄除け大師の一つだ。

「神宮寺くんには〝川崎大師がいいよ。京急川崎から大師線に乗って3駅目だから〟と勧めたのですが、『King＆Princeは頂点を目指しているんだから、神社の頂点しか俺に相応しくない』――と」(同氏)

三重県伊勢市にある伊勢神宮は、神宮寺の言う通り神社の頂点に君臨し、内宮には天照大御神、外宮には豊受大御神が主祭神として祭られている。

東京からの最も一般的なルートは、まずは新幹線で名古屋駅へ。次に近鉄名古屋駅から特急で伊勢市駅に向かうルートだ。乗り換えの時間をおおよそ15分として、順調ならば片道3時間半ほどで伊勢市駅に到着する。

「まさか本当に行くとは思っていなかったので、〝伊勢市駅から真っ直ぐ正面に歩いて10分ほどで外宮に着くから、先に外宮をお参りし、次に内宮をお参りするように〟教えました。外宮と内宮は歩いて1時間ぐらいなので〝そこは内宮行きのバスがわかりやすい場所にあるから乗ったほうがいい〟と。さらに外宮の周囲はさほど賑やかではないけど、内宮のそばにはおかげ横丁やおはらい町通りがあって、江戸時代の街並みが再現されて雰囲気も良い――と話してしまったんです」(同氏)

もちろんそれらは、制作スタッフ氏にとっては〝その場だけのノリ〟にすぎなかった。

ところが年が明けて今年1月の下旬、神宮寺は——

『オフがあったから始発で日帰り決めて来ましたよ！』

——と、制作スタッフ氏にドヤ顔を見せたのだ。

「まさかのまさかで、一瞬血の気が引きました。そりゃあたくさんのタレントさんが伊勢神宮を訪れてはいるでしょうが、今のキンプリは神宮寺くんのセリフではないけどアイドル界の頂点。何もなく無事に行ってこれて、本当によかったですよ」（同制作スタッフ氏）

ちなみに神宮寺は、内宮から歩いて10分ほどの場所にある〝みちひらきの大神〟猿田彦神社を参拝し、境内にある〝芸能の神〟佐瑠女神社も訪れていたとか。

なるほど、実は準備万端。すべてリサーチ済みだったわけだ。

この行動力と実行力があれば、厄年も無事に……いや、無事にどころか逆にパワーに変えて、さらに大きく前進するに違いない。

神宮寺勇太が兼ね備える〝プロデューサー的な視点〟

2011年3月27日に完全ファイナルがオンエアされ、第1シリーズから第8シリーズまでの通常シリーズ、合計12本のスペシャル、すべての最終回を迎えた『3年B組金八先生』(TBS)。1979年10月26日に第1シリーズ初回が放送されてから31年6ヶ月と1日、ジャニーズ事務所にとって最も大切な学園ドラマが幕を下ろした。

それは通常シリーズとスペシャル、さらには派生版の『仙八先生』を含め、出演したジャニーズJr.の3割から4割のメンバーがメジャーデビューの夢を叶えた、特別な登竜門だったからだ。

「古い話で恐縮ですが、1975年に看板タレントの郷ひろみがバーニングプロダクションに引き抜かれて以来、ジャニーズ事務所はどん底の数年間を送っていました。そんな時、1979年10月にスタートした『3年B組金八先生』で〝たのきんトリオ〟が大ブレイク。翌年には田原俊彦(ソロ)、近藤真彦(ソロ)がレコードデビューを掴むと、そこから『金八先生』に出演した所属タレントたちが、次々にデビューする登竜門となったのです」(ベテラン放送作家)

ひかる一平（ソロ）、野村義男（THE GOOD-BYE）、森且行（SMAP）、長野博（V6）、亀梨和也（KAT-TUN）、増田貴久（NEWS）、加藤シゲアキ（NEWS）、薮宏太（Hey! Say! JUMP）、八乙女光（Hey! Say! JUMP）。さらにはスペシャルの岡本健一（男闘呼組）、『2年B組仙八先生』からは後のシブがき隊（薬丸裕英・本木雅弘・布川敏和）が生まれた。またデビューこそしていないが、『金八』史上に残る悪役で過去最高のインパクトを残した風間俊介は、ご存じの通り演技派俳優として着実に実績を重ねている。

「そんな『金八先生』を『**超偉大なドラマで、先輩たちがめちゃめちゃ出身でしょ？**』——と、わかっているのかいないのか、微妙なリアクションをした神宮寺勇太くんですが、それもそのはず『**最後の第8シリーズが2007年から2008年にかけて（の放送）でしょ？ 俺、まだ小4だからリアルタイムでは凄いドラマだったかどうかわかんない**』——そうで、よく知らないのも当然ですよね」

そう話すのは、かつて神宮寺勇太が出演した学園ドラマの一つ、『幽かな彼女』（フジテレビ）制作スタッフ氏だ。

ちなみに『金八先生』第8シリーズといえば、高畑充希、忽那汐里が女子生徒役で出演していて、むしろ女子の当たり年だったと言えるだろう。

「神宮寺くんが出演した学園ドラマはウチと、それにキンプリとしてデビューした後の『部活、好きじゃなきゃダメですか?』ぐらいですが、当時、ウチの作品には岩橋玄樹くん、森本慎太郎くんの3人のJr.が出演していたので、僕らスタッフに〝『金八先生』みたいに3人でデビューして欲しい〟と言われ、意味がわからずに戸惑っていた姿を思い出します(笑)」(『幽かな彼女』制作スタッフ氏)

ところで先ほど『金八』第8シリーズは「女子の当たり年」と書いたが、この『幽かな彼女』の女子生徒役には驚くほどの名前が並んでいる。

広瀬すず、平祐奈、飯豊まりえ、上白石萌歌、矢作穂香、山本舞香、田辺桃子、中村ゆりか、森迫永依、柴田杏花、浅川梨奈、加藤里保菜などが、女子生徒のメイン格から端役までズラリと並んでいたのだから。

「神宮寺くんたち3人は主演の香取慎吾さんと話したがっていましたが、同僚役の北山宏光くんしか相手にしてくれませんでしたね。香取さんはすぐに控室か送迎車に籠ってしまうので(苦笑)。印象的だったのが岩橋くんと森本くんの役柄がサッカー部だったせいか、元堀越高校サッカー推薦入学の北山くんが、岩橋くんたちを無理矢理ミニサッカーに引きずり込むことでした。特に岩橋くんは『僕、野球のほうが得意なんですよ』――と嫌そうにしていましたね(苦笑)」(同制作スタッフ氏)

ドラマが放送された当時、残念ながら神宮寺たち3人にデビューの話は降ってこなかった。

だからというわけではないが、神宮寺はスタッフから聞いた「『金八先生』みたいにデビューの登竜門になるドラマ」を、デビューから2年たった今だからこそ〝後輩たちのために〟欲しているという。


『ジャニーズはすごく大きなプロダクションで、カッコいい憧れの先輩もたくさんいる。

だからみんな、アイドルになるためにはジャニーズJr.を目指す。

でも十人十色というか、いろんな動機や特徴を持った人間が集まらないと、中の空気が澱んでしまうと思うんです。

そんな時に『金八先生』のように〝デビュー登竜門〟的なドラマがあれば、ジャニーズに入って王道アイドルを目指す子もいれば、そのドラマに出るには〝ジャニーズにいるほうが有利〟と考えてJr.に来る子がいるかもしれない。

そうやって様々な可能性や選択肢を見える形で提示することが出来るのも、俺はジャニーズ事務所だけだと思ってるんですよね』

早くもプロデューサー的な視点から、後輩Jr.の育成について提言する神宮寺勇太。
同時に——

『将来はJr.がジャニーズのショウケースになると面白い』

——など、どうやら新たな物語を紡いでいく可能性を、彼は少なからず持っているようだ。
いずれ近い将来、神宮寺勇太の〝プロデューサー的発想〟がKing & Prince、そして神宮寺自身にとって〝武器〟となる日が来るに違いない。

神宮寺勇太を救った〝ある先輩の言葉〟

「Jr.の頃からのイメージでしょうが、彼は決して〝チャラ男〟でも〝お調子者〟でもなく、僕の知る限り決して努力を厭わない、自分が信じて積み重ねてきた経験が〝いつか実を結ぶと信じている〟真面目で前向きな好青年です。ただ同時にとても照れ屋でもあるので、地道な努力家の素顔を隠している。そうじゃなければJr.に入所後、ずっと〝推され〟でやってこられるわけがありません」

日本テレビ『ZIP!』制作スタッフ氏は、

「これだけはみんなにわかって欲しい!」

――と、神宮寺勇太について語る。

ジャニーズファンの皆さんなら、必ず一度は耳にする、あるいは自分でも使う用語に「スペオキ」という造語があることは百も承知だろう。

言うまでもなくスペオキとは、ジャニー喜多川さんの「スペシャルなお気に入り」のこと。

Jr.時代から何かと特別待遇、抜擢をされ、やりたいことは何でもやらせてもらえる。仮にスキャンダルを犯しても軽微なペナルティーで済ませ、復帰への道筋を立ててもらえるメンバーのことだ。

その元祖は誰もが「スペオキ第1号」と認める堂本剛で、以降、年代順に滝沢秀明、赤西仁、内博貴、手越祐也、山田涼介、森本慎太郎、中山優馬、佐藤勝利、そして平野紫耀。

中には皆さんから見て〝?〟マークが付くメンバーもいるだろうが、これはあくまでも〝テレビの現場で体感したスペオキ〟なので、ファン目線との齟齬はご了承頂きたい。

「神宮寺くんはその高貴な匂いのする名字、元気の良さで〝オキニ〟までは上がりましたが、〝スペシャル〟の壁を越えることは出来ませんでした。理由はたった一つ、同期に佐藤勝利くんがいたからです」

話してくれたのは、ジャニーズ事務所のスタッフ以外で最もJr.をよく知る、テレビ朝日『裸の少年』チームのプロデューサー氏だ。

「ジャニーさんにはこだわりがあって、デビュー組ならグループ単位、Jr.なら期別で〝1人〟しか推さない(※マスコミへの強烈なプッシュ)と決めていたのです。かつてジャニーさんは『**スペシャルなJr.は、まずコンビで表に出して様子を見る**』――と話していたこともあり、それはKinKi Kidsや赤亀(赤西仁&亀梨和也)がその通りなのですが、可哀想なのはスペオキの同期Jr.で、いくら人気と才能があっても、スペオキを上回ることが出来ない現実を突きつけられることでした」

それがここ10年だと佐藤勝利に対する神宮寺勇太、岩橋玄樹の構図だろう。

神宮寺と岩橋は2014年5月に再編成されたSexy boyzのメンバーに選ばれたものの、それは佐藤勝利がセンターを張るSexy Zoneの弟分的なユニット。しかもセンターはマリウス葉。

意地悪く言えば「同期の佐藤勝利がセンターを張るグループの端っこで踊る、マリウス葉がセンターを務めるユニットの両サイドのメンバー」で、コンサートではほぼバックダンサー扱いのまま。

「岩橋くんはこの2014年からデビューする2018年まで、Myojo誌のJr.大賞で実質的な〝大賞〟に値する『恋人にしたいJr.』で前人未到の5連覇を達成しましたが、言い換えればそれは〝人気があってもデビューさせてもらえなかっただけ〟とイコールで結ばれています。当時、神宮寺くんもメディアやファンから〝国民的彼氏〟と呼ばれていましたが、デビュー組に勝るとも劣らない人気と実力がありながら、不遇な環境は変わりませんでした」(同プロデューサー氏)

時にはヤケになり、Jr.を辞めることを考えていた神宮寺勇太。

そんな彼に声をかけたのが、Hey! Say! JUMPの知念侑李だった。

「知念くんは抜群の身体能力と人懐っこい笑顔で、入所早々に香取慎吾くんの『ハットリ君』に子役として出演するなど、彼もまた山田涼介くんがいなければスペオキとして推されるポジションにいました。それだけにきっと、神宮寺くんと岩橋くんの気持ちがわかったのでしょう。Sexy Zoneが2大会連続でバレーボールW杯のスペシャルサポーターを務め、バレーボールがらみで新グループのデビューがないことがハッキリした直後、2人を食事に誘ってくれたのです」(同氏)

その席で知念侑李は――

『自分が最後に信じられる唯一のものは己で積み重ねてきた努力で、
絶対的な才能を超えるには努力しかない』

――との持論を語る。

そして神宮寺と岩橋の2人に——

『よく〝若いクセに爺ィみたいだな〟ってからかわれるけど、
俺は「努力は必ず報われる」——と信じてる。
努力なんて口で言うのは簡単だし、〝俺は努力したぞ〟と評価するのは他人ではなく自分でしかない。
他の誰かの目に映るものではないけど、何もやらなければ何も生まれないし、
たとえ報われなくても、その努力が次のステップに繋がる。
「俺の財産が増えるんだ」——って、考えられないかな?』

——と、諭したそうだ。

似たような立場にいるからこそ、〝ここで辞めさせてはいけない〟と考えたのだろう。
そして知念は、こう励ましたという——。

『俺は見てるから、お前たちの努力を。
そして努力する姿がカッコいいと思わせてくれ』

「それ以降、神宮寺くんは『自分が信じて積み重ねてきた努力と経験が、いつか必ず実を結ぶ』――と信じられる、真面目で前向きな好青年になったのです」

Jr.時代のエピソードを明かしてくれた『裸の少年』チームのプロデューサー氏。

かつて不遇な環境に悩み、Jr.を辞めようとしていた神宮寺勇太は、知念侑李の言葉で救われた。

『自分が信じて積み重ねてきた努力と経験が、いつか必ず実を結ぶ』

そして今、神宮寺勇太が積み重ねてきた努力と経験は、Ｋｉｎｇ＆Ｐｒｉｎｃｅとして大きな実を結ぼうとしている――。

エピローグ

6月10日に発売されたＫｉｎｇ ＆ Ｐｒｉｎｃｅの5ｔｈシングル『Ｍａｚｙ Ｎｉｇｈｔ』が、発売初週で売上51．8万枚を記録。

同16日発表、オリコン週間シングルランキング初登場1位を獲得すると共に、「デビューシングルから5作連続の初週30万枚超え」を達成。

２００７／12／3付でＫＡＴ‐ＴＵＮが『Ｋｅｅｐ ｔｈｅ ｆａｉｔｈ』で記録して以来、オリコンチャートでは12年7ヵ月ぶり、そしてＫｉｎＫｉ Ｋｉｄｓ、ＫＡＴ‐ＴＵＮに次ぐ史上3組目の快挙となった。

「5ｔｈシングル『Ｍａｚｙ Ｎｉｇｈｔ』はデビュー曲『シンデレラガール』以来の初週売上50万枚超ですが、音楽業界で〝売上枚数がより正確〟と言われるＢｉｌｌｂｏａｒｄ ＪＡＰＡＮ ＨＯＴ １００でも総合首位を獲得すると共に、初週売上５３１，１６２枚をマークして、ＣＤセールス、ルックアップ、Ｔｗｉｔｔｅｒトレンドで3冠を獲得。〝ＪＡＰＡＮ ＨＯＴ １００ 総合首位〟に花を添えました」（音楽誌ライター）

ちなみに1stシングル『シンデレラガール』の〝JAPAN HOT 100〟初週売上は622,701枚で、5作目がそれに次ぐセールスを記録したということは、King & Princeがより着実なファン層を獲得し続けていることを意味する結果と言えるだろう。

「『Mazy Night』はSexy Zone中島健人くんとKing & Prince平野紫耀くんがW主演した連続ドラマ『未満警察 ミッドナイトランナー』の主題歌（※Sexy Zone『RUN』とのW主題歌）で、警察ドラマに相応しいクールなダンスナンバー。ミュージックビデオではKing & Prince史上、最高難易度のヒップホップダンスを披露しています。また敬礼など、警察をイメージした振付も見どころですね」（同音楽誌ライター）

ところが『Mazy Night』発売から1ヶ月半ほど経った時、衝撃の事実が彼らを、中でもドラマW主演の平野紫耀を襲った。

7月22日に発売されたSixTONESの2ndシングル『NAVIGATOR』が、7月20日から発売日の22日までの3日間で、何とすでに545,578枚を売り上げ、ハーフミリオンを突破したことがわかったのだ。

「『NAVIGATOR』はTVアニメ『富豪刑事 Balance：UNLIMITED』のオープニングテーマではあるものの、新型コロナウイルス感染拡大の影響で派手な宣伝は打たず、メンバーが個々にバラエティ番組等に出演。各形態のカップリングにジャニーズJr.時代の代表曲が収録されているとはいえ、フラゲ日の集計で444,101枚、初動3日間の集計だけで545,578枚。何とKing ＆ Prince『Mazy Night』を上回ってしまったのです」（同氏）

本文中にもあるように、SixTONESとSnow Manに強烈なライバル意識を抱いている平野紫耀は、悔しさのあまり身近な者にあたってしまったという。

しかし周囲は、

「紫耀はそれぐらいのほうがいい。感情を表に出すことで前進する力に変えるタイプ。メンバーたちはそんな紫耀を見ることで〝俺らもやるしかない〟――と、気持ちにスイッチが入るのです」

――と言う。

「10月7日にはSnow Manの新曲『KISSIN' MY LIPS／Stories』が発売されるので、売上げ次第では平野くんはもちろん、SixTONESのメンバーにもスイッチが入る。この3組の売上げがここで拮抗し、どのグループが抜け出すのか？ 本当の戦いは、これから始まるのです」（同音楽誌ライター）

面白い。実に面白い展開だ。

ここ30年以上、ジャニーズ内部で同世代のグループ同士がここまで僅差の戦いをする時代はなかったのだから。

とはいえ、勝敗はすでに見えている。

平野紫耀を本気にさせてしまったのだから。

なぜなら彼はＫｉｎｇ＆Ｐｒｉｎｃｅの着火点であり、メンバーは導火線。

一度でも火が点いてしまえば、後は大爆発するしかないのだから。

Ｋｉｎｇ＆Ｐｒｉｎｃｅ、これからの彼らから、ますます目が離せない――。

King & Prince
STYLE
キンプリスタイル

〔著者プロフィール〕
谷川勇樹（たにがわ ゆうき）

主にドキュメンタリーの密着取材を得意とする映像作家。数多くの番組を手掛け、タレントの思わぬ素顔や本音を引き出す手法は高く評価されている。その経験を活かしてライター業にも進出。的確かつ、独自な観点でのコンサートレポ等が好評。
本書では彼の持つ豊富なネットワークを通して、King & Princeと直接交流のある現場スタッフを中心に取材を敢行。キンプリメンバーが語った言葉と、周辺スタッフから見た彼らの"素顔"を紹介している。

King & Prince
キンプリスタイル

2020年9月2日　第1刷発行

著　者……………谷川勇樹
発行者……………籠宮啓輔
発行所……………太陽出版
東京都文京区本郷4－1－14　〒113-0033
電話03-3814-0471／FAX03-3814-2366
http://www.taiyoshuppan.net/

デザイン・装丁… 宮島和幸（ケイエム・ファクトリー）
印刷・製本……… 株式会社シナノパブリッシングプレス

ISBN978-4-86723-006-0

◆ 既刊紹介 ◆

Snow Man
―俺たちの歩むべき道―

あぶみ瞬［著］ ¥1,400円+税

**『この９人から誰一人欠けることなく前に進みたい！
俺たちは“９人でSnow Man”だから――』**

**彼ら自身が語った言葉と、
側近スタッフが明かすエピソードで綴る！**

・深澤辰哉と岩本照――２人の間に育まれた“深い絆”
・滝沢プロデューサー流“ラウール育成法”
・渡辺翔太が心待ちにする“後輩ライバル”
・“心友”から向井康二へのエールと絆
・二宮和也との共演で芽生えた目黒蓮の夢
・櫻井翔が注目する阿部亮平の才能
・宮舘涼太が抱えていた“笑顔”の悩み
・佐久間大介にとっての“人生の師匠”
・メンバーしか知らない“リーダー岩本照の素顔”

SixTONES ×6
―俺たちの音色―

あぶみ瞬［著］ ¥1,400円+税

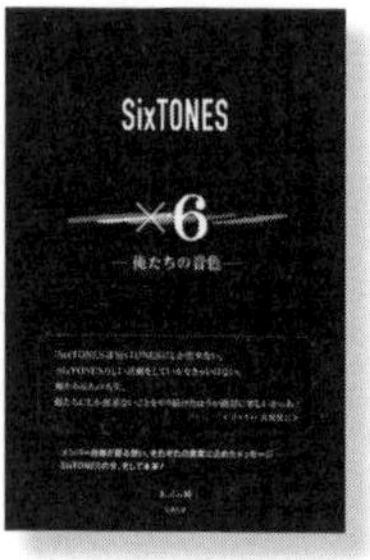

**『SixTONESはSixTONESにしか出来ない、
SixTONESらしい活動をしていかなきゃいけない。
俺たちにしか出来ないことをやり続けたほうが
絶対に楽しいからね』**〈リーダー 髙地優吾〉

**メンバー自身が語る想い、
それぞれの言葉に込めたメッセージ――
SixTONESの今、そして未来！**

・ジェシー、そしてＳｉｘＴＯＮＥＳが目指す“世界”
・京本大我が語る“メンバー同士の距離感”
・松村北斗が見つけた“歩むべき道”
・リーダー髙地優吾の決意
・森本慎太郎を奮い立たせた言葉
・田中樹とメンバー間に築かれた“絶対的な信頼関係”

◆ 既刊紹介 ◆

King & Prince
すっぴん★キンプリ

谷川勇樹［著］ ¥1,300円+税

メンバーに超密着！
メンバー自身の言葉と側近スタッフが語る
“素顔のキンプリ”超満載!!

【主な収録エピソード】

- 紫耀が引き継いだ“エンターテインメントの志”
- 紫耀が流した“悔し涙”
- 廉と紫耀が“最低でも叶えたい夢”
- 廉を成長させた“苦い経験”
- 廉の心を動かした“村上信五の言葉”
- 海人がジャニーさんに叱りつけられた日
- 海人が持ち続ける“夢”
- 優太が持っている“リーダーとしての最高の資質”
- 『仮面ティーチャー』で芽吹いた“本物の才能”
- 勇太が感じている“デビューしてからの責任”
- 勇太から玄樹への“心からのエール”

★メンバー×フレーズ ―キンプリ発言集―